Paul BRÉARD

MEMBRE DE LA SOCIÉTÉ DU VIEUX HONFLEUR

LES ANCIENNES CONFRÉRIES DE HONFLEUR

CAEN

HENRI DELESQUES, IMPRIMEUR-ÉDITEUR

34, RUE DEMOLOMBE, 34

1912

Paul BRÉARD

MEMBRE DE LA SOCIÉTÉ DU VIEUX HONFLEUR

LES ANCIENNES CONFRÉRIES DE HONFLEUR

CAEN

HENRI DELESQUES, IMPRIMEUR ÉDITEUR

34, RUE DEMOLOMBE, 34

1912

Extrait de l'*Annuaire de l'Association Normande*,
Année 1912.

LE VIEUX HONFLEUR

LES ANCIENNES CONFRÉRIES

Pour parvenir au but qu'elle se propose d'atteindre, il eût été d'un grand intérêt pour la Société du Vieux-Honfleur de connaître l'organisation et les usages des Communautés et Corporations d'arts et métiers qui ont existé dans cette ville, comme partout en France, au moyen âge; de recueillir leurs statuts et règlements, d'en étudier les dispositions; de rappeler les coutumes et les fêtes des corps de métier, En constatant leur nombre et leur importance, on en pourrait tirer des renseignements précieux sur l'activité commerciale et industrielle de la cité, avec le moyen de mieux pénétrer la vie de nos ancêtres dans ses manifestations publiques.

Il est donc à regretter que sur ces sujets les documents nous fassent presque complètement défaut.

Ils furent probablement dispersés ou détruits à la Révolution, lors de la suppression de toutes ces corporations, qui n'étaient pas sans compenser par de sérieux avantages les inconvénients de leurs réglementations rigoureuses et quelquefois surannées.

Si nous sommes ainsi obligés de nous en tenir aux

données générales sur les Communautés d'arts et métiers, jusqu'au jour où des recherches plus fructueuses nous auront fourni les documents qui nous manquent, nous sommes plus heureux en ce qui concerne les Confréries religieuses établies dans les paroisses de Honfleur et spécialement les Confréries de Charité.

On possède en effet diverses pièces intéressant ces associations.

I. La plus ancienne et la plus curieuse consiste dans un manuscrit du XVe siècle qui forme le *Registre de la Charité de l'église de Notre-Dame.*

Ce livre, commencé en l'année 1457, contient les listes des noms des frères servants et des autres membres de la Confrérie jusqu'en l'année 1563, soit pendant une durée d'un peu plus d'un siècle. Il ne faudrait pas conclure toutefois, de la date indiquée, que la Charité de Notre-Dame n'avait pas existé à une époque antérieure au milieu du XVe siècle : mais il est probable que pendant les troubles de la guerre de Cent ans et des invasions anglaises, elle avait été désorganisée et qu'elle ne fut régulièrement rétablie qu'après l'expulsion définitive des Anglais de la Normandie, en 1450 (1).

D'ailleurs, on sait qu'un certain nombre de confréries de Charité de notre contrée remontent également à cette époque : ainsi les statuts de la Charité de Saint-Michel de Pont-l'Évêque furent approuvés par l'évêque de Lisieux, Thomas Basin, le 18 juin 1454. La Charité de l'église de Surville, l'une des plus importantes du pays, avait été constituée en 1453 (2). Plusieurs des confréries de Caen et de Lisieux

(1) M. Ouin-Lacroix, dans son *Histoire des anciennes corporations d'arts et métiers et des confréries religieuses de Rouen*, publiée en 1850 (p. 421), cite un passage du Concile de Rouen tenu en 1189 et relatif aux confréries de Charité.

(2) Le Registre de la Charité de Surville, par M. Vasseur (1864).

avaient même été fondées sous la domination anglaise, notamment les Charités de Saint-Désir et de Saint-Jacques de Lisieux, qui datent des années 1436 et 1442 (1).

II. Le second de nos manuscrits est du XVIe siècle : c'est le registre ou martyrologe de la *Charité de l'église de Saint-Léonard,* qui fut établie en cette paroisse en l'année 1524 : il contient la liste des frères et autres associés jusque vers la fin du siècle dernier.

Les statuts et règlements de ces deux Charités n'ont pas été conservés.

III. Il n'en est pas de même pour la *Confrérie de la Charité* de l'église de Sainte-Catherine, dont les statuts furent approuvés par Mgr l'évêque de Lisieux, le 17 juin 1660.

L'ordonnance épiscopale fait connaître qu'ils sont reproduits d'après une ancienne charte qui constatait la fondation de la Charité dès le 2 juin 1478 et qui était devenue presque illisible.

IV. Un registre, contenant les listes annuelles des échevins, prévôts et frères servants de cette même confrérie, était conservé au presbytère de la paroisse de Sainte-Catherine : il commence en l'année 1604 et se continue jusqu'en 1886.

Nous ferons remarquer ici, en passant, que les statuts de la Charité de Sainte-Catherine mentionnent l'existence en cette paroisse d'une *Confrérie de Saint-Crespin,* dont on retrouve encore la trace au XVIIe siècle. Il résulte en effet d'un acte du tabellionage de Honfleur, en date du 15 mars 1671, que les gardes du métier de carreleur (ou cordonnier) se reconnaissaient débiteurs envers la Charité d'un droit de

(1) *Histoire de l'ancien évêché de Lisieux,* par M. de Formeville, t. II.

hanse ou association, pour les nouveaux maîtres, aux termes des bulles de la fondation de cette Charité et des ordonnances du métier : « parce que le jour de la feste de « Saint-Crespin et Saint-Crespinien, il y a grand'messe « avec trois cierges, la croix d'argent et autres orne- « ments ».

V. La fabrique de l'église de Sainte-Catherine possédait le *Registre de l'archiconfrérie du Très-Saint-Sacrement,* érigée en cette paroisse en l'année 1664. Ce manuscrit contient les statuts de l'association, suivis des noms des personnes qui en firent partie jusqu'en l'année 1868.

VI. La même fabrique conservait aussi un vieux registre qui renferme un recueil de documents sur la *Confrérie de Sainte-Anne,* restaurée à Sainte-Catherine en l'année 1699.

VII. Les statuts et règlements d'une autre *Confrérie du Saint-Sacrement,* pour la paroisse de Saint-Étienne, avaient été établis dès l'année 1624. Nous possédons dans nos archives personnelles l'original de l'acte de fondation.

VIII. Dans les registres du tabellionage royal de Honfleur (conservés dans l'étude de Me Bréard, notaire à Honfleur) se trouve, à la date du 20 octobre 1664, un acte intervenu entre plusieurs bourgeois de Honfleur et contenant la constitution d'une *Confrérie du bienheureux Saint-Michel-du-Mont,* en l'église de Sainte-Catherine.

IX. Nous connaissons encore les statuts d'une *Confrérie de Sainte-Cécile,* formée en l'église de Sainte-Catherine : ils avaient été approuvés par Mgr l'évêque de Lisieux, le 23 juin 1663.

X. Enfin, la Société du Vieux-Honfleur a été mise récemment en possession d'un registre datant de 1707 et qui contient les noms des membres de la *Confrérie de Charité* établie en l'église de Saint-Étienne.

Nous étudierons séparément ces divers documents; mais, auparavant, pour essayer de compléter l'énumération des associations religieuses, nous dirons qu'il a existé encore à Honfleur :

1° Une *Archiconfrérie du Rosaire* en la chapelle Notre-Dame de l'église de Sainte-Catherine, association à laquelle la veuve de François Troussel, sieur des Mouceaux, par acte du 29 septembre 1622, fit une fondation de messes pour les douze premiers dimanches du mois et les cinq fêtes Notre-Dame.

Un autre contrat passé au tabellionage d'Auge, à Honfleur, le 16 juillet 1669, contient le curieux devis présenté par Pierre Baudard, maître-sculpteur en la ville de Rouen, à Me Guillaume Renout, président au grenier à sel et recteur de cette confrérie du Rosaire, pour la construction d'un contre-retable destiné à la chapelle de la Vierge en l'église Sainte-Catherine. Ce magnifique spécimen de la sculpture sur bois au siècle de Louis XIV avait été conservé dans cette église jusqu'à sa restauration récente; déposé depuis dans les greniers du clocher, il a été transporté, avec les panneaux ou lambris qui l'accompagnaient, dans notre musée de Saint-Étienne, dont il ornera provisoirement l'abside ;

2° Dans l'église de Saint-Léonard, une *Confrérie du Saint-Nom-de-Jésus,* existant en 1651, et une *Confrérie du Rosaire,* qui y fut instituée par acte du 19 juin 1638 ;

3° Enfin, en l'église de Notre-Dame, une *Confrérie du Saint-Sacrement,* à laquelle Julien Dupont donna, en 1717, deux cent cinquante livres en argent et vingt-cinq livres de rente perpétuelle, pour la fondation de l'office des Quarante heures.

II

Registre de la Confrérie de la Charité de Notre-Dame.

Avant de décrire et d'analyser notre premier manuscrit, il convient, pour en bien comprendre l'intérêt, de donner ici quelques renseignements généraux sur ces Confréries de Charité qu'on rencontre spécialement en Normandie et dont on fait remonter l'origine au XIe siècle, dans les grandes villes affligées de maladies contagieuses.

Elles s'établirent ensuite dans toutes les paroisses, où elles étaient chargées de ce qu'on appelle aujourd'hui le service des pompes funèbres. Ces associations avaient pour mission de donner aux morts une sépulture honorable et de leur assurer les prières et les cérémonies de l'Église.

Elles se composaient ordinairement d'un échevin et d'un prévôt, plus, de douze frères servants, ainsi appelés parce qu'ils faisaient le service de la Charité, répartis six du côté de l'échevin et six du côté du prévôt ; d'un clerc ou receveur pour la collecte des cotisations ; d'un crieur ou messager, chargé de convoquer les frères et d'annoncer les décès, en sonnant ses clochettes par les rues et carrefours.

Les frères servants portaient sur l'épaule, dans les cérémonies et processions, un chaperon de livrée, sur lequel étaient brodés soit l'image du patron de la Confrérie, soit le nom de la paroisse, soit de simples ornements ; ils portaient également de grands chandeliers ou torches, dont on voit encore de nos jours de curieux spécimens dans les églises rurales.

La Confrérie possédait des croix, bannières et autres ornements du culte. Elle avait droit dans l'église à une place distincte, qu'on appelait *le cloître de la Charité* et qui faisait souvent pendant au *banc du Trésor* ou Fabrique.

Dans les grandes paroisses, chaque Charité avait plusieurs chapelains qui acquittaient les messes de fondation et les obits, célébraient les offices, saluts et fêtes de la Confrérie. Dans la Charité de Notre-Dame, on en comptait sept, servant chacun un jour de la semaine.

En outre des frères servants, la Charité comprenait, sous le nom de Rendus, tous ceux qui se *rendaient* membres de la Confrérie, pour avoir droit aux prières et offices pour les défunts, aux cérémonies d'une inhumation convenable et aux autres avantages de l'Association.

Les noms des frères et des rendus étaient officiellement inscrits dans un registre qui portait le nom de Martyrologe de la Charité.

Pour faire partie de la Confrérie, chaque membre devait payer, en outre d'un droit d'entrée, une cotisation annuelle, recouvrée par les soins du clerc et dont on pouvait s'affranchir en versant en une seule fois un petit capital.

Le produit de ces recettes et des revenus de la Confrérie, des dons et legs et des fondations pieuses, était destiné à payer les frais des inhumations, les salaires des chapelains, clerc et crieur, l'achat des ornements et, en général, les autres dépenses de l'Association.

Il était employé aussi à subvenir aux besoins de ceux des membres qui se trouvaient dans l'indigence et, par là, les Charités devenaient de véritables sociétés de secours mutuels.

Des amendes étaient sévèrement exigées des frères servants qui négligeaient de remplir avec exactitude leurs fonctions ; il y a plusieurs exemples de condamnations prononcées par justice contre ceux qui refusaient de faire leur service : ils pouvaient être en outre rayés du livre de la Charité.

Tous les ans, les comptes étaient présentés par l'échevin,

qui devenait prévôt pour l'année suivante; l'assemblée élisait un nouvel échevin et douze frères servants pour l'année. Ceux-ci devaient servir trois ans, sous peine de perdre leurs droits et avantages et d'être rayés du martyrologe.

La réunion annuelle se tenait, pour la Charité de Notre-Dame, le 15 août et nous devons penser qu'en 1457, au lendemain de l'expulsion des Anglais, qui occupaient la Normandie depuis trente-cinq ans, les membres de la Confrérie étaient heureux de chanter, aux vêpres de la fête de l'Assomption, cette antienne que nous repétons encore ce jour-là, après plus de quatre siècles, pour remercier Dieu de la recouvrance de notre province :

« Hereditas patrum nostrorum ab inimicis nostris injuste « aliquo tempore possessa est : nos vero tempus habentes « vindicamus hereditatem patrum nostrorum...

« L'héritage de nos pères fut pendant quelque temps en « la possession de nos ennemis qui le retenaient injuste- « ment ; mais notre heure étant venue, nous reprenons « l'héritage de nos pères. »

A l'origine des Charités et pour honorer ceux qui consentaient à faire le service de frères, le clergé de la paroisse allait processionnellement chercher chez eux, aux jours de fête, et reconduire, les échevin et prévôt; mais cet usage donna lieu à des abus et fut définitivement supprimé par ordonnance épiscopale de 1675.

De même les repas et festins qui réunissaient les frères, lors de la nomination de l'échevin ou à l'occasion de la fête du patron de la Confrérie, amenèrent de scandaleux désordres et furent interdits par un concile provincial de Normandie.

Le registre de la Charité de Notre-Dame est un manuscrit in-folio, de $0^{m}30$ de hauteur sur $0^{m}20$ de largeur ; il est relié en ais de chêne recouverts d'un cuir gaufré, sur lequel est frappé un double encadrement formé, le premier de timbres en losange portant une fleur de lis, et le deuxième de timbres ronds qui donnent l'empreinte d'un agneau pascal portant une bannière.

Ce registre est formé de 131 feuillets de papier blanc ayant pour filigrane un écu couronné aux armes de France, plus, de six feuillets détachés; il porte la trace de fermoirs.

Sur le verso du premier feuillet se trouve le titre suivant :

Cy ensuivent les noms des frères et seurs de la Charité et Confrarie fondée en l'esglize de Notre Dame de Honnefleu, en l'onneur de Dieu, de la benoiste Vierge Marie, de monsieur Saint Michel, de monsieur Saint Léonard, de monsieur Saint Nicolas, de monsieur Saint Cosme et de monsieur Saint Damien, escrips cy après selond l'ordre de l'a. b. c. Commencé le jour de la Pentecouste Ve jour de juing l'an mil IIIIc cinquante et sept. Et premièrement s'ensuivent les noms selon A.

En tête de chacune des pages qui suivent se trouve une des lettres de l'alphabet, en écriture gothique, ornée de dessins délicats et sous chaque lettre les noms des frères sont inscrits : c'est sur la première lettre du prénom de chacun d'eux et non pas de son nom de famille que cette classification est fondée. Il manque plusieurs feuillets pour les lettres : C. F. T. V.

Sur une autre page se lisent les noms des personnes qui avaient versé le capital nécessaire pour être dispensées du paiement de la cotisation annuelle. Les trente premières font partie des associés de la première année 1457; les autres paraissent ajoutées au fur et à mesure de leur incorporation à la Charité.

Mre Guillaume Cousinot, bailli de Rouen, avait payé 60 sols tournois;

Mgr Louis de Harcourt, évêque de Bayeux, 35 sols 8 deniers;

Michault Goislier, 45 sols ;
Jehan Miart l'aîné, 30 sols ;
Messire Étienne Bonnechose, 50 sols ;
Monsieur maître Loys d'Estouteville, 30 sols.

Les sommes ainsi versées pour les affranchissements varient de 30 sols à 25 sols.

Jacquet Jehan et son fils se franchirent au moyen de 7 sols 9 deniers de rente qu'ils aumônèrent à la Charité, par chacun an, à prendre sur Guillaume Laurent.

Notre registre contient ensuite une autre série de noms sous ce titre :

Cy ensuivent les noms des frères et seurs de la Charité de Notre Dame selond l'ordre des parroisses.

Les membres de la Confrérie déjà nommés dans la première liste sont rangés dans cette nouvelle suivant les paroisses dont ils étaient originaires et qui sont celles de :

Notre-Dame et Saint-Léonard.
Saint-Estienne et Sainte-Catherine.
Gonneville, Formeville (Fourneville), Ablon, Cremanville, Fliquefleu, Criquebeuf, Pennedepie, Vasouy, Saint-Gatien.

Il paraît y avoir plusieurs feuillets arrachés.

Enfin commencent les listes annuelles sous ce titre :

Cy ensuivent les noms des eschevins, prévosts et frères servants en ceste présente Charité de Notre Dame de Honnefleu commencée le jour de Pentecouste l'an mil IIII[c] *LVII, le V*[e] *jour de juing.*

Et premièrement :

Jehan de Frise, eschevin.
Guillaume Loir, prévost.
Puis viennent les noms des douze frères servants.

Cy ensuivent les noms des frères et seurs rendus en ceste présente Charité l'an du premier échevin.

Suit une longue énumération des personnes qui furent admises dans la Confrérie.

Ces listes sont continuées sous la même forme, en deux parties, pour chacune des années suivantes, sauf quelques pages restées en blanc ou incomplètes, jusqu'en l'année 1557.

Les six feuillets détachés reprennent pour les années 1561, 1562 et 1563, « l'année de la grande peste et mortalité ».

Il est à remarquer que l'année 1557 est celle où se fit en Normandie la prédication publique du protestantisme et que les guerres de religion commencèrent en 1562 ; ce qui explique l'interruption du registre. Nous en verrons une pareille dans celui de la Charité de Saint-Léonard.

La Confrérie de la Charité de Notre-Dame fut rétablie le 4 février 1575 par Mgr Jean Le Hennuyer, évêque de Lisieux, mais nous n'avons pas le registre de la nouvelle Association.

Beaucoup des lettres initiales de chacune des listes depuis 1508 sont ornées de dessins variés : nous citerons notamment de belles initiales gothiques en 1527, 1546, 1550 et 1556, puis des lettres dessinées en ornements dans le genre de la Renaissance ; enfin, d'autres lettres sont peintes, avec plus de bonne volonté que de goût. La page consacrée à l'année 1538, écrite en bleu et or, nous montre une jolie enluminure de missel, bleue et rouge sur fond or.

Les longues listes des membres de la Confrérie de Charité de Notre-Dame méritent de nous arrêter un instant et donnent lieu à des observations intéressantes.

On doit constater d'abord que le nombre des personnes ainsi inscrites est fort considérable, ce qui prouve la popularité de l'Association.

Dès l'année de sa fondation, en 1457, la Charité de Notre-Dame comptait 416 confrères. Ce chiffre s'augmenta pendant chacune des années suivantes de 30, 40 et quelquefois de plus de 100 membres. Si nous considérons la première période de quarante ans, de 1457 à 1497, nous trouvons plus de 2.000 adhérents, sans y comprendre les femmes qui sont inscrites avec leurs maris. En y ajoutant ceux qui se sont rendus jusqu'en 1563, époque à laquelle se termine le registre, on relève un total d'environ 5.475 noms : et il faut remarquer qu'à cette date de 1563 existaient en même temps, depuis plusieurs années, les Charités de Sainte-Catherine et de Saint-Léonard.

Passant ensuite à un examen plus approfondi de ces listes, nous aurons à regretter que les noms de famille, précédés seulement du prénom, ne soient pas accompagnés d'indications suffisantes pour qu'on puisse déterminer la position sociale de tous ceux qui y sont portés. A peine a-t-on ajouté de loin en loin, après le nom de quelque frère, les mots : boullenger, apothicaire, cordonnier, boucher, pour les distinguer probablement d'un autre habitant de Honfleur portant le même nom.

Toutefois, on reconnaît les ecclésiastiques, parce qu'ils sont qualifiés de messire ou missire :

Missire Jehan Langloys, prestre.

Missire Pierre Grieu.

Missire Jehan Lelièvre, prestre.

Les gens de loi sont appelés maître :

Maistre Pierre Destin.

Maistre Durand Bisson.

Les nobles y portent la qualification d'écuyer ou de chevalier, ou de noble homme :

Pierre de Malleville, escuier.

Remonet de la Salle, escuier.

Noble homme Jehan Racguier, receveur général de Normandie (frère de l'évêque de Lisieux).

Jehan de Beaujeu, escuier.

En général, dans les listes de chaque année, les noms sont inscrits simplement dans l'ordre de l'admission de chaque frère ou sœur, sans aucune préférence à raison de la qualité des personnes, sauf les échevin, prévôt et frères servants qui sont toujours portés à part au commencement ; les autres sont désignés sous ce titre : *les rendus dudit an.*

Lorsque le mari et la femme devenaient membres de la Confrérie, on ne mettait pas le nom de la femme :

Pierre Lejugeur et sa femme.
Guillaume Leclerc et sa femme.

Si la femme était admise sans son mari, elle était inscrite en féminisant le nom de celui-ci, à la mode normande :

Simonne la Meslière (Meslier).
Marion la Reyne (Leroy).
Thomasse la Baudouyne (Baudouin).
Marion la Pasquette (Pasquet).
Jehanne la Contesse (Leconte).
Jane la Guérine (Guérin).
Annette la Vanière (Vanier).
Yvonne la Sagesse (Lesage).

Les veuves étaient indiquées dans les premiers temps par le vieux mot « déguerpie », c'est-à-dire abandonnée, délaissée :

Margot, déguerpie de Robin Leroy.
Guillemine, déguerpie de Guillaume Galloys.
La déguerpie de Jehan Letellier.
Isabeau, veuve de Guillaume Lucas.

Les enfants étaient désignés par le nom de leur père :
Jehanne, fille de Jehan Le Marchant.
Amyotte, fille de Jehan Le Seneschal.
Médard, fils de Colin Langloys.
Les deux filles de Thomas de la Borne.
Perrine, fille de Jehan Harache.

On trouve aussi cette dénomination :

Jehanne, chamberière de Jehan Benart.

Catherine Dubosc, chamberière de Robin Auber.

On rencontre quelques étrangers, et spécialement des Écossais, qui faisaient à cette époque un commerce assez important avec la Normandie :

Jehan Stric, escossays.

Pierre Lelong et sa femme, escossays.

Jehan Bellier, anglois.

Jehan Quesson, escossays.

Ysabel, escossaise.

Il est digne de remarque que beaucoup des noms de famille actuels existaient déjà à la fin du XVe siècle; nous citerons, parmi les plus connus, ceux qui suivent :

Aumont, Anfrey, Amiot, Auzeraye ;

Barbel, Blondel, Barbé, Biette ;

Cavelier, Canu, Campion, Caresme, Cauvin ;

Dumont, Delamare, Dubois, Dupont, Delaporte, Delarue, Delahaye, Duchemin, Destin, Desseaux, Delomone, Drieu ;

Falaize, Fleury, Faride, Fontaine, Faroult ;

Gosselin, Gosset, Godard, Guérard, Guillebert ;

Hamon, Hue, Huet, Hamelin, Halley, Hurel, Hébert ;

Lecoq, Lefrançois, Langlois, Lefebvre, Lambert, Lebas, Legrand, Lemercier, Lemonnier, Lecerf, Lecesne, Lecarpentier ;

Morin, Mabire, Mesnier, Maillard, Michel ;

Normand, Néron ;

Petit, Piquet, Patin, Prévost, Pestel, Picard ;

Regnoult ;

Sanson, Simon, Sorel ;

Troussel, Thomas, Thierry ;

Valet, Varin, Vassal.

On conçoit qu'il est impossible de reproduire en entier les listes portées dans notre registre, car elles ne formeraient qu'une simple table de noms et prénoms sans intérêt. Nous nous sommes cependant imposé la tâche de les déchiffrer et de les lire, avec l'espoir d'y retrouver diverses personnes citées dans les annales de Honfleur ou des paroisses voisines. Ce travail nous a procuré l'heureuse surprise de rencontrer les noms d'un assez grand nombre de personnages connus dans l'histoire de notre cité et dans celle de notre province de Normandie. Nous mentionnerons les plus notables, en faisant suivre leurs noms de quelques renseignements sur leurs familles et sur les liens qui les rattachaient à notre contrée. On pourra voir par là que l'étude de nos modestes Confréries de Charité peut fournir une contribution intéressante à l'histoire locale.

On remarquera notamment plusieurs capitaines ou gouverneurs de Honfleur, des gentilshommes, officiers probablement des troupes de la garnison, et surtout des capitaines de marine, dont la présence en notre ville démontre l'importance des armements qui s'y préparaient à la fin du XVe siècle et au commencement du siècle suivant.

Noms des frères et dates d'inscription.

1457. *Maistre Jehan de Thieuville. — Durand de Thieuville. — Richard de Thieuville, escuier.*

La famille de Thieuville, originaire du Cotentin, posséda les fiefs et seigneuries de Gonneville-sur-Honfleur, Abbeville, Cremanville, La Houssaye, Bailleul. On connaît deux Richard de Thieuville, abbés de Grestain en 1408 et en 1469. Durand de Thieuville avait été confirmé en 1421, par le roi d'Angleterre, dans la possession des biens de son père. Il fut contrôleur au grenier à sel de Honfleur, lieutenant particulier en la vicomté d'Auge, et bailli d'Évreux en 1445. Richard de Thieuville figure comme homme d'armes en garnison à Évreux, en 1452. Il est qualifié maître d'hôtel du Roi en 1469, et c'est à lui que Louis XI donna l'administration du temporel de l'évêché de Lisieux, après que Thomas Basin eût été exilé.

1457. *Pierre de Salnove l'aîné.* — *Pierre de Salnove le jeune.* — 1473. *François de Salnove, escuier.* — 1474. *Thibault de Salnove.*

Ces personnes appartenaient à une famille noble d'Italie. Elles vinrent prendre part aux guerres de Normandie au XVe siècle, et il est plus que probable que l'une d'elles tint garnison à Honfleur. Pierrot de Salnove était l'un des hommes d'armes de la « retenue » de Robert de Floques, logée à Honfleur en 1452. Pierre de Salnove le jeune figure au nombre des hommes d'armes de la petite ordonnance, en résidence à Honfleur au mois de septembre 1461. En 1480, un Pierre de Salnove, écuyer, possédait l'office de grènetier au grenier à sel de Honfleur. Thibault de Salnove, homme de guerre à morte paye de l'ordonnance du Roi, en garnison à Honfleur, 1488-1494.

Pierre de Salnove avait épousé Jehanne Leboutillier, fille de Jehan, écuyer, seigneur de Pennedepie. — Jacques de Salnove était, en 1502, seigneur du fief de Blosseville, situé en cette paroisse.

1457. *Missire Michel Méry,* prestre.

Il était curé du Breuil en 1455 et seigneur de Criquebeuf-sur-la-Mer, plein fief de chevalier qui passa ensuite à la famille Desmarestz, puis aux Mallet de Graville.

1457. *Guillaume Le Danois.* — 1461. *Jehan Le Danois.* — 1492. *Robinet Le Danois.* — 1513. *Jehan Le Danois.*

Les Le Danois possédaient la terre du Désert, située à Honfleur, près du Buquet, sur le chemin de Gonneville, où s'élève, au milieu d'un verger entouré de murs, un curieux manoir du XVe siècle (1).

(1) Charles Bréard : *Les archives de la ville de Honfleur,* 1885, p. 70.

Jehan Le Danois commandait, en 1472, un navire qui, revenant de Messine chargé de précieuses marchandises, faillit être pris à Barfleur par les Anglais.

1457. *Guillaume Le Paulmier.* — 1465. *Richard Le Paulmier* (échevin en 1471). — 1468. *Robinet Le Paulmier.* — 1510. *Robin Le Paulmier*, etc.

Membres divers de la famille Le Paulmier dont les différentes branches habitaient Honfleur, Barneville, Pennedepie et Gonneville-sur-Honfleur.

En 1487, Richard Le Paulmier était le contrôleur et procureur de l'amiral Louis de Graville.

Robinet Le Paulmier est notre célèbre Binot Paulmier, dit le capitaine Gonneville, dont le voyage « ès nouvelles terres des Indes », en 1503-1505, a été publié par M. d'Avezac d'après la *Relation* authentique de sa navigation (1).

1457. *Durand de Saint-Waast.* — 1481. *Robinet de Saint-Waast.*

Lorsqu'à la fin du XIVe siècle on construisit la grosse tour de Honfleur, les ingénieurs détruisirent plusieurs maisons qui avaient appartenu à Durand de Saint-Waast, et, en 1459, Charles VII lui fit don de 128 livres en dédommagement. Cette famille a donné son nom à la *ruelle Saint-Waast* qui formait la limite de la bourgeoisie de Honfleur du côté du hameau de la Rivière.

1457. — *Cardinet de Brèvedent.*

Appelé aussi Cardin de Brèvedent, vivant en 1440. Les Brèvedent étaient originaires de la paroisse de ce nom, près Blangy. Jehan de Brèvedent, arrière-petit-fils de Cardin, épousa Jeanne Chaudet, fille du capitaine Hélie Chaudet,

(1) Charles Bréard : *Notes sur la famille du capitaine Gonneville*, 1885.— *Relation authentique du voyage du capitaine de Gonneville ès nouvelles terres des Indes*, 1869, par M. d'Avezac.

dont nous parlerons plus loin. Leurs descendants furent seigneurs d'Ablon, du Plessis et du Bocage, à Genneville; de Saint-Nicol, à Honfleur.

1457. *Pierre Le Cerf, escuier.* — 1513. *Jehan Le Cerf, escuier.*

Pierre Le Cerf, qualifié « capitaine des costes de la mer », fut anobli par Charles VII en 1450 (alors que ce roi séjournait à l'abbaye de Grestain), probablement à cause des services qu'il avait rendus lors de la reprise de Honfleur sur les Anglais.

La famille Le Cerf posséda le fief d'Équemauville, qui passa en 1566 aux Le Jumel. Une branche des Le Cerf s'établit alors à Vasouy.

1457. *Denis Chaudet.* — 1532. *Élie Chaudet.*

Hélie Chaudet, capitaine de navire, avait acquis de grandes richesses par le commerce maritime. Il acheta le fief de Saint-Nicol à Honfleur et plusieurs terres à Genneville. Quoiqu'il fût d'abord bon catholique, puisqu'il avait été, en 1534 et 1536, frère servant de la Charité, il devint le chef du parti calviniste et s'empara de Honfleur en 1562, sur les troupes royales. C'est alors que fut détruite l'ancienne église de Saint-Léonard, dont il ne resta que le portail (1). L'église actuelle ne fut rebâtie sur les ruines de l'ancienne qu'en 1627, ainsi que le constate l'inscription placée au chevet, du côté de la rue Saint-Léonard : *Pax huic domui,* 1627.

1457. *Michault Goislier.* — *Jehan Goislier.*

Les Goueslier ou Le Goueslier étaient établis à Pennedepie, où l'on trouve, en 1600, une pièce de terre appelée la

(1) Catherine : *Histoire de Honfleur*, 1864, p. 247. — Thomas : *Histoire de Honfleur*, 1840, p. 71.

tannerie au Goueslier, sur le ruisseau qui descend de Blosseville.

1457. *Loys de Prestreval.*

Mre Robert de Prestreval, curé de Fatouville en 1460, possédait le fief de Méautrix, à Barneville-la-Bertran; ce fief passa en 1479 à Richard Le Paulmier. Un lieu dit *Prestreval* existe encore sur la commune de Barneville.

1457. *Messire Guillaume Cousinot, chevalier, bailly de Rouen.*

Ce personnage était Guillaume II Cousinot, né avant 1400, qui fut secrétaire du roi Charles VII, maître des requêtes, commissaire royal, etc. Magistrat, diplomate et homme d'épée, Cousinot prit part au recouvrement de la Normandie. Fait chevalier au siège de Rouen, Charles VII le créa en même temps bailli de cette ville. De 1452 à 1455, il subit une dure captivité en Angleterre, à la suite d'un naufrage. En 1457, Guillaume Cousinot fit partie de l'expédition navale dirigée contre Sandwich. Nous rappellerons que cette expédition, forte de 4.000 à 5.000 hommes, prit la mer à Honfleur, le 20 août 1457, sous les ordres du grand sénéchal de la province, Louis de Brézé: ce fut sans doute au moment de son embarquement sur la flotte que Guillaume Cousinot s'affilia à notre Confrérie de la Charité de Notre-Dame. Ce chancelier de Charles VII s'occupa du commerce maritime et s'efforça de favoriser l'entrée en France des laines d'Écosse et de Castille, pour développer la fabrication des draperies de Rouen. Il devait exister à Honfleur quelque industrie de ce genre, comme en témoigne le nom de la rue de la Foulerie.

1457. *Robinet de Vasouy.*

Une famille portait le nom de Vasouy dès le XIIIe siècle. On connaît : Simon de Vasvic ou Vasuit, chanoine de Lisieux en 1249; Robert de Vasouy en 1355; Nicolas de Vasuit, écuyer, seigneur du lieu, en 1377; Michel de Vasuit, panetier du roi, en 1403; Richard de Vasouy, curé de la paroisse, en 1450.

Jacqueline de Vasouy porta le fief de ce nom à Jean d'Orbec, son mari, vers 1510; et dans notre liste figure, en 1533, Hector d'Orbec.

1457. *Charlot de Floques.*

Parmi les meilleurs officiers du roi Charles VII, on rencontre Robert de Floques, dit Floquet, bailli d'Évreux, qui fut capitaine de Honfleur de 1450 à 1461. Il ne laissa que deux fils : Jacques, qui fut tué à la bataille de Montlhéry, en 1465, et Guillaume, mort évêque d'Évreux en 1464. Ce Charlot de Floques serait-il un troisième fils resté inconnu aux historiens ?

On sait que Robert de Floques possédait à Honfleur l'hôtel du sire de Talbot, situé sur le quai, entre l'église de Saint-Étienne et la rue Saint-Antoine.

1458. *Me Pierre Destin.*

Nous croyons que ce maître Pierre Destin, figurant à Honfleur au milieu du XVe siècle, doit être rattaché à la famille de Robert Destin, seigneur de la terre de Fourneville-en-Auge à la fin du même siècle. Or, il est particulièrement intéressant de mentionner Robert Destin et d'en revendiquer la famille pour la région honfleuraise. Il fut l'un des premiers magistrats de l'Échiquier et du Parlement de Normandie sous Louis XII, conseiller de l'archevêque de Rouen et sénéchal de l'archevêché en 1497-1508. Il avait été chargé par le roi, en 1492, de visiter les ports du pays de Caux.

1458. *Pierre de Courtenay.*

Un personnage de ce nom se retrouve plus tard à Honfleur : Jean de Courtenay, sieur des Salles, gouverneur en

1590. Guillaume Lelong commandait l'année suivante, pour le Pérou, un navire appelé le *Courtenai*, construit par Jehan Heurtelot, charpentier à Saint-Léonard.

1461. *Jacques Le Boucher.*

Jacques Le Boucher, escuyer, sieur du Hiaultre, à Gonneville, avait épousé Marie Lecerf; son fils Richard prit alliance en 1575 avec Françoise Desmarestz, fille du seigneur de Criquebeuf.

1461. *Jehan Guerentes, escuier.*

Les Guerentes ou Grente, seigneurs de Villerville, possédaient le fief de Daubeuf ou petit fief de Manneville, duquel dépendait une grande partie du faubourg Saint-Léonard.

1466. *Guillaume de Bautot.* — 1469. *Robert de Bautot.*

Robert de Bautot figure en 1494 dans une revue d'hommes de guerre tenant garnison à Honfleur.

Jacques de Bautot devint, en 1631, seigneur de Méautrix, à Barneville, par son mariage avec demoiselle Avoye Le Paulmier, fille de François et d'Isabeau de Nollent. Leur fils Jacques fut lieutenant de roi à Honfleur et capitaine de la côte.

1468. *Richard de Rufosse.* — 1513. *Jacques de Rufosse et Jehan, son fils.*

Jacques de Rufosse fit, en 1508, un voyage à Terre-Neuve, sur le navire la *Bonne-Adventure* (1). Les Rufosse possédaient une maison dans l'enclos de la Ville, près l'église de Notre-Dame.

1469. *Jacques de Montrognon, escuier.*

Lieutenant de la capitainerie de Honfleur en 1469-1480,

(1) Gosselin : *Documents inédits pour l'histoire de la marine normande*, 1876, p. 12.

sous les ordres de Louis, bâtard de Bourbon, amiral de France, il fut échevin de la Charité en 1475.

1471. *Madame Jehanne de France, admiralle.*

Fille naturelle de Louis XI, elle épousa, en 1445, Louis de Bourbon, comte de Roussillon, amiral de France.

1472. *Jacques de Chambray, escuier.*

Chambellan du roi Louis XII et bailli d'Évreux en 1492.

1474. *Messire Georges le Grec, chevalier.*

Georges de Bissipat, dit le Grec, de la famille des Paléologue, empereurs d'Orient, se réfugia en France après la prise de Constantinople par les Turcs, en 1453. Il servit le roi dans la marine. Georges le Grec arma à Honfleur, en 1483, sur l'ordre de Louis XI, deux navires de sept à huit vingts (140 à 160 tonneaux) et une barque pour une expédition à l'Isle-Vert, dont la situation n'est pas parfaitement déterminée (1).

1474. *Monseigneur Loys de Harcourt, évesque de Bayeux, patriarche de Jérusalem.*

Il présida à plusieurs reprises l'Échiquier de Normandie et probablement il passait par Honfleur pour se rendre de Bayeux à Rouen.

1479. *Jehan Frotet.* — 1508. *Guillaume Frotet.*

Jean Frotet était capitaine de navire et le compagnon de Georges le Grec et des Porcon. A la suite de la prise et du pillage qu'ils firent ensemble, près du cap Saint-Vincent, en 1485, de galères vénitiennes qui revenaient de Flandre richement chargées, un ambassadeur de Venise fut envoyé à Honfleur

(1) Spont : *La marine française sous le règne de Charles VIII* (*Revue des archives historiques*, avril 1894). — De la Roncière : *Histoire de la marine*, t. II, p. 400 et suiv.

pour obtenir la punition des coupables et la réparation des dommages. Mais à la suite d'une rixe dans la rue Haute, cet ambassadeur fut tué par le fils même de Jean Frotet et les commissaires royaux faillirent avoir le même sort (1).

1481. *Michel le Sec, escuier.*

Guillemette Le Sec, fille de Jehan et de Jacqueline de Gaillarbois, avait épousé Guillaume de Casenove, vice-amiral de France (2). Nous trouvons, en 1457, Jehannequin de Gaillarbosq et, en 1465, Thomas de Gaillarbois dans notre registre de Charité.

1482. *Jehan Denys et sa femme.* — 1492. *Jehan Denys* — 1497. *Jehan Denys, etc.*

Le capitaine Jehan Denys, de Honfleur, est connu comme ayant exploré une partie des côtes du Brésil avant l'année 1509. Ce navigateur renommé avait antérieurement visité l'île de Terre-Neuve, en 1506 (3).

1482. *Grant Jehan Cousin.* — 1483. *Pierre Cousin, Jehan Cousin.* — 1500. *Pierre Cousin, etc.*

Jehan Cousin, l'aîné, et Jehan Cousin, le jeune, c'est-à-dire le père et le fils, accompagnèrent Binot Paulmier dans son voyage de découvertes, en 1503. Dans son *Étude sur les navigations françaises au XVe siècle,* M. de la Roncière, avec une perspicacité remarquable, a émis l'opinion que l'un de nos deux marins est ce fameux Jean Cousin, revendiqué par les Dieppois, qui lui attribuent un voyage en Amérique avant celui de Christophe Colomb. M. de la Roncière est d'avis que Jean Cousin, en racontant son prétendu voyage

(1) Spont : *La marine française.*

(2) Charpillon : *Dictionnaire de l'Eure*, t. II, p. 240.

(3) Margry : *Les navigations françaises*, 1867, p. 129. — Charles et Paul Bréard : *Documents relatifs à la marine normande*, 1889, p. 42.

au Brésil en 1488, n'a fait que reproduire, en changeant la date et en se mettant au premier plan, la *Relation* de l'expédition qu'il avait faite sous les ordres du capitaine de Gonneville, notre compatriote.

1483. *Grant Jehan de Porcon, escuier.* — 1494. *Jehan de Porcon, escuier.*

Le grand Porcon et le petit Porcon sont deux capitaines souvent cités dans l'histoire des guerres navales sous Charles VIII ; ils firent, en 1489, par le commandement de l'amiral Cauwart (1), un armement considérable à Honfleur.

1485. *Guillaume Le Breton.*

Gilles Le Breton était un des camarades du fils de Jehan Frotet lors de son aventure avec l'ambassadeur vénitien.

1485. *Simon du Sollier (échevin en 1489).* — 1538. *Richard du Sollier.*

Simon du Solier ou Sollier, écuyer, est mentionné dans une délibération des bourgeois de Honfleur, sous la date du 17 novembre 1499, en qualité de leur procureur-syndic. En 1512, on trouve un Simon du Sollier, tabellion à Honfleur ; il s'agit probablement de la même personne qui aurait été âgée de 72 ans en l'année 1523, d'après un document des archives départementales du Calvados. Entre les mains de ce Simon du Sollier se trouvait, au XVIe siècle, le manuscrit de la *Relation* de Marco Polo, voyageur vénitien, que la bibliothèque de Stockholm possède aujourd'hui.

Richard du Sollier, écuyer, sieur d'Estraincourt, laissa une fille nommée Madeleine, qui épousa Pierre Le Doyen, écuyer, sieur d'Authou, lieutenant à Honfleur du gouverneur de Pierrecourt, en 1583.

(1) Spont : *La marine française*, p. 11.

1489. *Jehan Ango et sa femme.* — 1490. *Jehan Ango.* — 1495. *Guieffroy Ango.*

Comme il est difficile de retrouver dans les ports de Normandie la trace des navigateurs qui vivaient aux XVe et XVIe siècles, nous attirons l'attention sur le nom des Ango. Les seules indications du registre ne permettent pas de savoir si l'on est en présence de la famille du fameux armateur de Dieppe. Les écrivains normands ne donnent que des détails peu précis sur l'origine de cette famille, ils ignorent exactement le lieu de naissance du premier des Ango (1). Il nous sera néanmoins permis de réunir les noms de Jehan Ango, de Jehan Denys, de Jehan Cousin et de Thomas Auber, que nous trouvons inscrits dans notre manuscrit et qui sont ceux des premiers navigateurs français qui ont découvert et fréquenté diverses parties des côtes de l'Amérique au commencement du XVIe siècle.

1490. *Jehan Deschelier*s.

Une famille Desceliers vivait aux environs de Honfleur; on trouve, en 1526, Jehan Desceliers, sieur de Blosseville; en 1567, Charles Desceliers, sieur de Vilambert, à Saint-Gatien-des-Bois. Ce nom est encore à rapprocher de celui de l'abbé Pierre Desceliers, géographe, vivant vers 1550.

1490. *Antoine de Lastre, dit Cauwart, escuier, vis-admiral.*

Il fut lieutenant en la capitainerie de Honfleur de 1489 à 1496. Il avait fondé une chapelle en l'église Saint-Michel de Pont-l'Évêque.

1495. *Jacques Naguet.* — 1525. *Richard Naguet.* — 1534. *Louis Naguet.*

Jacques Naguet, sieur du Val et de Fourneville, anobli en

(1) Hellot : *Jean Ango et sa famille*, 1890.

1522, avait épousé Marie de Vasouy; son fils Louis épousa Madelaine Le Danois, l'une des filles de Jehan Le Danois et de Marie de Bautot. Adrien Naguet, frère de Louis, était receveur des deniers de la ville en 1538.

1496. *Jehannot de Bellefonte, escuier.*

En 1492, un navire de Honfleur, commandé par Jehan de Bellefonse, se perdit lors du siège de Boulogne par Henri VIII d'Angleterre (1).

1497. *Roullant de Bellemare.*

Rolland de Bellemare, par son mariage avec Louise Le Paulmier, devint seigneur du fief du Buquet, à Gonneville-sur-Honfleur.

1498. *Pierre Varin.* — 1532. *Guillaume Varin.* — 1551. *Guillaume Varin.*

La famille Varin s'est perpétuée à Honfleur : Guillaume Varin, receveur des deniers, fut anobli en 1594 par Henri IV. Il avait épousé Marie Barbel, fille de Jacques et sœur d'André Barbel, grènetier au magasin à sel.

1507. *Robert de Saint-Martin.* — 1513. *Guillaume de Saint-Martin.* — 1543. *Me Jehan de Saint-Martin, curé d'Abeville.*

Les prairies traversées par la Claire et qui s'étendaient entre la rue de la Foullerie et la rue des Buttes, avant le percement de la rue d'Orléans, s'appelaient les *Prés Saint-Martin;* la rue des Prés y conduisait.

La paroisse d'Abeville ou Ableville, dans la vallée de la Morelle, a été réunie à celle d'Ablon; une croix de fer indique encore l'emplacement de son église.

(1) M. Spont, p. 50.

1511. *Thomas Auber.*

Voilà encore le nom d'un capitaine de marine que nous ne pouvons laisser de côté: c'est, à nos yeux, celui du commandant du navire la *Pensée,* équipé par Jehan Ango, père du vicomte de Dieppe. Deux voyages à Terre-Neuve par les Français, au commencement du XVIe siècle, sont reconnus par tous les historiens, celui de Jehan Denys, en 1506, et celui de maître Thomas Auber deux ans plus tard.

1511. *Robinet Tailloys, dit Scallart.* — 1523. *Roulland Le Tailloys.*

L'attention de ceux qui étudient l'histoire des anciennes navigations s'est portée sur Raulin, Raoulin ou Roulland Le Tailloys, pilote royal (1), parce que le nom de ce capitaine honfleurais, dont l'existence hasardeuse est mal connue, a été associé à celui d'Alfonse de Saintonge, ce Jean-Alphonse le Saintongeois qui fut le compagnon de Jacques Cartier et de Roberval dans leurs voyages au Canada. On croit que la Cosmographie d'Alphonse, publiée en 1550, est due à la collaboration d'Alphonse de Saintonge et du capitaine-pilote de Honfleur Raulin Secalart.

1511. *Pierre Le Do.* — 1550. *Thomas le Do, dit le Cauchois.*

Le capitaine Hélie Chaudet avait épousé Marie Le Do. La famille de ce nom était originaire du pays de Caux; elle posséda les fiefs du Val et de la Vigne, à Saint-Pierre-du-Val.

1516. *Messire Jehan de Saint-Mars, chevalier.*

Jehan de Saint-Mars était seigneur de Blosseville-en-Caux, capitaine de Caudebec et de la côte de Normandie. Il prit part aux travaux de la fondation du Havre, sous la direction de Guyon Le Roy.

(1) Bréard: *Documents sur la marine normande,* p. 46.

1519. *Thomas de Baonne.* — 1539. *Jean de Baonne, fils de Richard, sieur des Moullineaux.*

La famille de Baonne possédait la terre des Moullineaux, dans la vallée de la Claire, à Équemauville ; ses représentants étaient nombreux à Honfleur, à la fin du XVIe siècle. On connaît Hélie, sergent au grenier à sel ; Guillaume, avocat ; Pierre, greffier en la vicomté d'Auge et tabellion.

1518. *Guyon Le Roy, seigneur du Chillou, escuier, vis-admiral.*

Guyon Le Roy, seigneur du Chillou et d'Orcher, vice-amiral, capitaine de Honfleur, fut chargé par l'amiral Bonnivet de la création du Havre-de-grâce, en 1517.

1522. *Damoiselle Nicole, dame de Clèremont.*

Femme de René de Clermont, vice-amiral de France, qui fut capitaine de Honfleur en 1499, sous l'amiral Malet de Graville, son oncle.

1525. *Richard de Brisse.* — 1528. *Pierre de Brisse.*

Pierre de Brisse, écuyer, sieur de la Haute-Loge et du Fresne, fut « mareschal en la place de Honnefleu » de 1526 à 1554 environ.

1526. *Georges Danviray.*

Contrôleur général de la marine.

1526. *Michel Ferey.*

Maître des ouvrages du Roi à Honfleur, il fut l'ingénieur qui entreprit les travaux du port du Havre en 1518. Plus tard, il fut spécialement chargé de creuser le canal de Caen à la mer. Son surnom de *Vauchouquet* lui venait de la terre du Val-Chouquet, sise à Vasouy, aujourd'hui appelée le Buttin.

1527. *Jehan Le Boutillier, escuier.*
Seigneur de la Caulde, Pierrefitte et Pennedepie.

1529. *Jehan d'Annebault.*
Il était probablement le fils de l'amiral Claude d'Annebault. Nicolas Thiesse, seigneur des terres de Saint-Martin-le-Vieil et du Mesnil-Cordelier en 1583, avait recueilli ces fiefs dans la succession de Jean d'Annebault.

1531. *Domp François du Boullé, religieux de Grestain.*
La famille de ce religieux habitait Fatouville, où est situé le fief du Boulley.

1532. *Hélie Le Jumel.*
Lieutenant général en la vicomté d'Auge, seigneur de Lisores, père de Pierre Le Jumel, qui fut seigneur d'Équemauville, président au Parlement de Rouen et l'un des trois réformateurs de la Coutume de Normandie.

1528. *Jehan Gotier le jeune et sa femme.*
Jean et Jacques Gautier, frères, possédaient, à la fin du XVIe siècle, l'hôtellerie de la Cigogne, située rue Haute, et dont une des cours intérieures porta plus tard le nom de *Cour de la prêche,* à cause des réunions qu'y tinrent les protestants.

1539. *Martin Chambon, escuier.*
En 1538, Martin Chambon, écuyer, occupait la charge de contrôleur de l'artillerie de la marine à Honfleur. Il avait épousé Jacqueline Naguet, sœur de Louis et de Jacques, curé de Bretteville-en-Caux.

1539. *Jehan Eude, escuier, sieur de Tourville. — Phillebert Eude, escuier.*
Jehan Eude, sieur de Tourville, eut un fils nommé Hélie Eude, qui fut lieutenant de roi à Honfleur, en 1590, et gouverneur de Bayeux.

Phillebert Eude, sieur de Collevey (à Tourville), était le frère de Jean. Son fils, Robert Eude, était, en 1583, capitaine de la *Péleryne,* armée à Honfleur pour la côte du Pérou.

1547. *Noble homme Robert Beschard, escuier.*

Échevin de la Charité en 1549, il fut maréchal de la place de Honfleur en 1565, et lieutenant en la capitainerie dudit lieu. Un procès qui durait depuis trente ans et qui fut transigé en 1571 nous apprend qu'il avait épousé Jehanne Legendre, fille d'Adam Legendre, « délaissé en pays es- « trangé par le capitaine Regné Ferey, lors d'un voyage « qu'il avait fait en mer ».

Robert Beschard est le personnage que les historiens ont à tort nommé: Beezard (dans Thomas, p. 71), et Beczard (dans Catherine, p. 147).

1553. *Laurent Apparoc, escuier. — Pierre Apparoc, escuier.*

Tous les deux de la famille des Apparoc, seigneurs de Sainte-Marie-du-Theil et de l'Épiney (à Fourneville). L'un d'eux est le sieur de Sainte-Marie, dit l'Épiné, lieutenant du capitaine Hélie Chaudet, à Honfleur, pendant les guerres de religion (1563).

1554. *Pierre Le Doyen, sieur d'Authou.*

Gentilhomme ordinaire de la Chambre du Roi, lieutenant à Honfleur en 1581-1589. Sa fille Diane épousa Jacques de Courseulle, seigneur de Gonneville-sur-Honfleur.

1556. *Thomas Cécire, escuier, sieur du Bocage.*

La terre du Bocage est située au hameau du Nouveau-Monde, à Gonneville-sur-Honfleur. Les Cécire possédèrent plus tard le fief de Honnaville, en la même paroisse.

1554. *Me Robert Houel, organiste.*

Les ornements de la tribune des orgues de Sainte-Catherine démontrent l'existence de cette tribune dès le milieu du XVIe siècle : notre document n'indique pas si ce Robert Houel était organiste à Sainte-Catherine ou à Notre-Dame.

Nous avons vu que l'on conserve à la bibliothèque municipale le registre de la Charité de Notre-Dame ; on trouve dans le même dépôt un autre document qui se rapporte à la même confrérie. C'est un gros livre, également en papier, revêtu d'une reliure en bois et cuir, en très mauvais état, qui contient les comptes de la Charité pour quelques années du milieu du XVIe siècle.

Ces comptes présentent d'abord l'énumération des sommes ou « restes de denyers » qui étaient dues à l'Association depuis l'année 1467 jusqu'en 1518. La liste est fort longue ; elle révèle que les confrères montraient peu d'empressement à payer leurs cotisations annuelles et que les comptables avaient parfois dix, vingt et même trente années arriérées à réclamer. Le nombre de ces débiteurs endurcis est assez considérable pour qu'on ait été obligé de les classer par ordre alphabétique, suivant les quartiers qu'ils habitaient, savoir : la Ville, les Fauxbourgs, la Rivière et la Haute-Rue.

Dans ces listes on peut relever quelques noms :

Mre Michel Eude doit 2 ans ;

Mre Guillaume Lecerf, 8 ans et demi ;

Mre Jean Damoye, docteur en théologie, doit 16 ans ;

Mre Pierre Clouet, curé de Vasouy, doit, pour 16 ans, 69 sols 4 deniers.

La Ville :

Madame Jehanne de France, 12 ans : « obiit anno domini 1516 » ;

Jehan Le Paulmier, 12 ans ;

Jehan de Porcon, 12 ans;
Robin le Paulmier, 2 ans.

La Rivière :

Guillaume Cousin et Jehan Cousin;
Jehan Denys l'aisné, 6 deniers;
Jehan Denys le jeune, 6 deniers.

La Haulte-Rue :

Jehan Ango doit 12 ans;
Jacques Naguet, 11 ans;
Jehan Lecerf, escuier, 8 ans;
Jehan Fleury, 1 an.

Ce Jehan Fleury ne serait-il pas ce fameux capitaine des navires de Jean Ango, le célèbre armateur de Dieppe, dont M. Guénin a pu dire que son énergie farouche, ses exploits longtemps répétés, ses prises nombreuses et importantes en ont fait l'égal des grands flibustiers et corsaires des siècles suivants.

L'examen des sommes inscrites en regard de chacun des noms nous apprend que la cotisation due annuellement par les personnes admises dans la Confrérie était de 4 sols 4 deniers tournois, ce qui revient à 52 deniers par an, soit un denier par semaine. En tenant compte de la valeur de l'argent au milieu du XVe siècle, époque de la fondation de la Confrérie, la somme de 4 sols 4 deniers, qui nous paraît aujourd'hui fort minime, représente environ dix francs de notre monnaie actuelle. D'où l'on voit que les ressources de l'Association eussent été assez considérables, si la dépréciation de la monnaie, rapidement survenue à la fin de ce siècle, après la découverte du Pérou, n'avait de beaucoup réduit ses revenus.

A la suite de la liste des débiteurs, le registre contient un certain nombre de comptes de *recettes* et de *dépenses* présentés par l'échevin de la Confrérie à la fin de l'année de sa gestion.

Chacun de ces comptes comprend, en un premier article. les recettes : cotisations, affranchissements, quêtes ou cœultes faites dans l'église, ou effectuées dans la ville et fauxbourgs quatre fois par an, en février, mai, août et novembre; puis les rentes perpétuelles appartenant à la Confrérie.

Au second article des dépenses ou mises, figurent les gages des chapelains, des clercs, crieur et petit clerc, le prix des messes et services, enfin les dépenses communes de chaque année, telles que: achat de cire pour les cierges et le luminaire, entretien des ornements, chaperons, torches, croix et bannières, réparations de la chambre et du banc de la Charité, frais de procès et fournitures diverses.

Le premier compte se rapporte à l'année 1556, pendant laquelle les recettes se sont élevées à 79 livres tournois 17 sols 6 deniers, et les dépenses à 121 livres 4 sols 6 deniers : ce qui représenterait, d'après la valeur relative de l'argent à cette époque, environ 870 francs pour les recettes et 1.330 francs pour les dépenses ; la livre tournois valant alors environ 11 francs de notre monnaie actuelle.

L'échevin ne porte aucune recette pour les mois de mai, juin et juillet, « pour cause des séditions advenues ».

Le deuxième compte est rendu, au mois de décembre 1563, par Guillaume Millet, « pour l'an 1563, puis la réduc-« tion et prise de la ville par le capitaine Hémery », c'est-à-dire depuis le mois d'août. Il explique qu'il ne peut tenir compte du commencement de son année, « à cause des « grandes séditions advenues en la ville de Honnefleur par « les Huguenots » ; et il ajoute que les papiers ordinaires de la Charité « ont esté bruslés, robbés et pillés par les « Anglois et Huguenots ».

Neuf autres comptes sont portés dans le registre : le dernier est celui de l'année 1576.

Nous croyons intéressant d'énumérer quelques articles des dépenses :

1556. Payé à deux avocats, pour avoir veu les lettres de création de 15 sols de rente, 2 sols.

Payé pour un cheval pour avoir esté au Pont levesque pour un procès, 4 sols 6 deniers.

Payé à un libraire pour un papier journal à mettre les noms et surnoms des frères et seurs de la Charité, 7 sols.

Payé pour deux aulnes trois quarts de drap à faire une tunique et des chaperons aux crieur et clerc, 75 sols.

Pour la façon de ladite tunique et chaperons, 10 sols.

Pour la tonture du drap, 18 sols.

Pour deux mains de papier, 4 sols.

1563. La cire pour les cierges et luminaire coûtait de 6 sols 6 deniers à 7 sols la livre.

1564. Payé pour la dépense des chapelains, le jour et fête de la Chandeleur, 30 sols.

Pour la despense d'iceulx, le jour et feste de Notre-Dame mi-aoust, 100 sols.

Ces chapelains étaient au nombre de huit et il paraît leur être donné un repas à l'occasion de ces deux fêtes.

Pour une livre de chandelle, 4 sols.

1573. Payé pour les haguignettes du clerc, pour le petit clerc et pour le crieur, 8 sols 6 deniers.

1574. Payé pour un may pour mettre en ladite église, 2 sols.

1575. Payé à Guillaume Belouze, pour huit aulnes et demie de futaine noire et blanche, pour faire un drap des trespassés, à 12 sols l'aulne, 100 sols.

Payé pour un chazuble de damas blanc pour la Charité, 21 livres 10 sols.

Payé pour une aulne demi-quart et une mesurette de drap blanc pour faire une tunique au crieur, 49 sols 10 deniers.

Pour la façon de ladite tunique, 6 sols.

Ces comptes nous ont de plus conservé la trace d'une cérémonie évoquant le souvenir des anciens mystères du moyen âge. Toutefois, les indications sont malheureusement trop incomplètes pour qu'on puisse se former une idée précise des coutumes en usage lors du *Sacrement,* c'est-à-dire probablement lors de la prestation de serment du nouvel échevin. Nous nous bornerons donc à donner simplement les articles de dépenses suivants :

1564. Payé pour le reste et parpaye des hardes pour le sacrement, desquelles il restait à payer, oultre la cotisation des frères, pour ce, 23 sols.

Payé pour celui qui a joué le dieu au sacrement, 10 sols 6 deniers.

Payé à Marie de Sens pour trois quartiers de toile à faire des plottes à fesser ledit dieu, 6 sols.

Payé au peintre pour deux diadèmes et pour peindre ledit dieu, 2 sols 6 deniers.

1565. Payé pour celui qui a joué dieu au sacrement, et pour les personnages qu'il a esconvenu audit sacrement, et pour de la toile à faire des plottes, tant pour la dépense desdits joueurs que autres avaries, parmi le tout, 46 sols 6 deniers.

Que pouvait être ce dieu couronné et peint qu'on battait publiquement au cours d'une cérémonie populaire? Nous livrons ce problème aux recherches de nos érudits.

Nous terminerons ces notes sur la Charité de Notre-Dame en reproduisant une délibération de cette Confrérie, prise en 1649, au moment de la Fronde. Elle nous fera voir combien était resté présent, dans la mémoire des bourgeois de Honfleur, le souvenir des maux qu'ils avaient soufferts pendant les guerres civiles de la fin du XVIe siècle.

« Du dimanche 7e jour de février 1649, au banc de la Charité de l'église de Notre-Dame de Honnefleu, devant nous Jehan Bullet, prestre, curé et recteur en icelle église,

« Se sont à l'issue de la grande messe parroissiale de ladite église assemblés... tous frères servants en lad. Charité, auxquels Charles Jean, sieur du Perron, eschevin en icelle, a représenté qu'il serait saisi de la croix d'argent pour la garder pendant son an d'échevinat, icelle conserver et représenter toutesfoys et quantes si besoin est pour l'usage dicelle Charité, ce qu'il ne pourroit quant à présent avec asseurance promettre, à raison du trouble qui est à présent en ce royaulme, à cause de la division qui est entre les princes et les parlements touchant le gouvernement de l'état général de toute la France ; à cause de quoy on est journellement menacé d'avoir dans les fauxbourgs de cedit lieu, où lesdits eschevin et frères servants sont demeurants en la plus grande partie, quantité de gens d'armes, soit pour y loger, soit pour assiéger ladite ville, ce que arrivant les habitants courrent risque d'être pillés et leurs maisons bruslées, comme autrefois pendant les guerres civiles ce malheur est arrivé, subjet pour quoi ledit sieur Du Perron, eschevin, requiert que lesdits frères ayent à lui ordonner d'un lieu où il puisse pendant les troubles, avec asseurance, faire conserver ladite croix.

« Tous lesquels frères ayant avec ledit sieur eschevin meurement deslibéré d'un lieu pour cet effect, sont tous unanimement d'advis qu'on la commette en la garde dudit Bullet, sieur de la Perelle, l'un desdits frères servants, qui est demeurant dans la maison du presbytaire dicelle église Notre-Dame dans l'enclos de cette ville, qui de sa part l'a ainsi accepté et promis de la représenter toutesfois et quantes que besoin sera et qu'il en sera requis par lesdits sieurs eschevin et frères servants.

« Plus la présente délibération vaillira pour tous les autres ornements de la Charité, asçavoir pour la grande bouette dont est garde ledit échevin, avec l'argent qui est dedans, et de laquelle les deux premiers conseillers sont gardiens des deux clefs, pour le calice, platine, ascensoir et paix, le tout d'argent, drap de veloux noir, extrait de constitution de rentes appartenant à ladite Charité et martirologe, qui seront avec ladite croix, du consentement desdits frères servants, mis en la garde dudit sieur de la perelle, pour être toutesfois et quantes représentés que le sieur de la perelle requis en sera, ce qui a été pareillement par lui accepté, sans toutesfois en demeurer garant en cas que ladite ville fust prinse et pillée. »

La maison du presbytère de Notre-Dame était le vieux logis en bois qui existe encore dans la rue de la Ville, entre la rue Traversière (ancienne rue au Lou, du nom d'un sieur Lelou qui y habitait) et le quai de la Quarantaine. Elle avait été achetée par les paroissiens de Saint-Léonard et Notre-Dame, en l'année 1638.

Confrérie de la Charité de l'église de Saint-Léonard.

Le registre de la Charité de Saint-Léonard est un manuscrit in-folio, relié en ais de bois recouvert de cuir brun, sur lequel se trouve gaufré un chiffre composé de deux S et deux L entrelacés. D'après une mention intérieure, cette reliure aurait été faite en 1728, mais l'ouvrier a maladroitement rogné le volume et en a diminué le format qui mesure $0^{m}38$ de hauteur sur $0^{m}26$ de largeur et une épaisseur de $0^{m}08$; le manuscrit se compose de 139 feuillets de très fort parchemin.

Le premier feuillet porte pour titre :

Matriloge des noms et surnoms des frères et seurs de la Charité de la benoiste et individue Trinité, de la glorieuse vierge Marie et de monsieur Saint Léonard, fondée et establie en l'église parrochial de Saint-Léonard de Honnefleu en l'an mil cinq cents vingt et quatre, le vingt et septiesme jour de may. Laquelle fut èrigée et cômencée le troisiesme jour de juillet premier dymence dud. moys et an. Auquel jour fut esleu eschevin pour led. an honorable homme Pierre Cécire, advocat du Roy, et Guillaume Hobbé, prevost.

Au verso de cette page :

Ensuivent les noms des frères servants pour ledit an (1524) :

Pierre Cécire.
Guillaume Hobbé.
Michel Lequeu.
Raoullin Legracieux.
Pierre Vassal.
Robin de la Borne.
Clément Perrier.
Guillaume Aulber.
Jehan Bernard.
Pierre Leconte.
Jehan Selles.
Jacquet Jehan.
Guillaume Ereniboult.
Richard Varin.

On trouve ensuite la liste des rendus de la même année : mais il paraît manquer plusieurs feuillets, car après les noms de quinze personnes qualifiées « maître » ou « messire », on passe à la lettre R avec Raoulin Legracieux, qui était alors tabellion à Honfleur.

L'énumération continue d'année en année jusqu'en 1557, puis elle reprend en 1565 avec cette mention : « Jacques Hobbé, eschevin-premier après les séditions premières par les calvinistes et huguenots faictes contre la sacrée majesté du Roi nostre sire. »

Après cette interruption, les listes sont de nouveau portées chaque année ; mais à partir de 1592 elles ne contiennent plus que les noms de l'échevin, du prévôt et des frères servants.

Nous y avons relevé plusieurs des noms déjà mentionnés dans le registre de la Charité de Notre-Dame, notamment ceux qui suivent :

1524. Roullant Le Tailloys.

1540. Guillaume Varin, échevin.

1525. Guillaume de Thieuville.

1525. Guyon Le Roy.

1524. Simon du Sollier.

1530. Me Jacques Naguet.

1539. Jean Naquet, escuier, sieur du Val.

1545. Hélie Chaudet (qui devait dix-sept ans plus tard incendier une partie du faubourg et détruire l'église de Saint-Léonard).

1545. Nicolas de Baonne, sieur de Moulineaux.

— Me Jehan de Saint-Martin, curé d'Ableville.

1573. Pierre Le Do, sieur du Val.

1590. Hélie de Bellemare, escuier.

On y rencontre en outre quelques noms nouveaux :

1534. Robert Nollent, escuier.

Lieutenant en l'amirauté de Honfleur et avocat du Roi en la vicomté d'Auge.

1539. Gilles de Courseulle.

Écuyer, sieur d'Ailly, père de Jacques, qui fut seigneur de Gonneville et la Haye-Bertran.

1545. Jehan du Bois-Lambert, sieur de Praycarré.

Capitaine du château de Touque.

1544. Noble homme Guillaume Vipart, sieur de Drumare.

La famille Vipart habitait les environs de Pont-l'Évêque, où elle possédait plusieurs terres.

1570. Monseigneur du Montpensier.

Le duc de Montpensier possédait la vicomté d'Auge ; son fils reprit Honfleur sur les Ligueurs en 1588.

1572. Monsr Davoy, maréchal.

Georges ou Guillaume Davoy, sieur du Mont, fut lieutenant du sieur de Pierrecourt, gouverneur de Honfleur. C'est ce Guillaume Davoy que le *Dictionnaire historique de l'Eure*, t. II, p. 806, a transformé en Guillaume d'Aures, gouverneur de Honfleur.

1575. Me Jehan Eude, sieur de Noron.

La famille Eude résidait à Quetteville et à Saint-Benoît-d'Hébertot. Jehan Eude était avocat du Roi en la vicomté d'Auge. Pierre Eude, sieur de Noron, fut, en 1578, lieutenant en l'amirauté de Honfleur et Quillebeuf.

Le registre de la Charité de Saint-Léonard est orné de plusieurs magnifiques lettres gothiques, parmi lesquelles il faut citer :

M du mot matriloge, au premier feuillet, et celles des années 1546, 1549, 1550 et 1589.

A la page se rapportant à l'année 1539 se trouve le tracé très intéressant d'un navire.

On y voit comme dans le registre de Notre-Dame, et en plus grand nombre, des dessins et des figures du plus mauvais goût et de la plus grossière exécution. Toutefois, aux années 1701 et 1702, on peut remarquer deux petits tableaux de saint Michel et de saint Adrien qui dénotent une main plus exercée; ils sont signés du nom de Charles Pavigny, peintre, l'un des frères servants.

Au feuillet de l'année 1589 se trouve une lettre **P** très ornée, peinte et dorée, avec ce quatrain :

« O saincte charité qui as pareil effort
Que la mort, qui tout pert, tout rompt et tout accable,
En moy fais une mort qui soit saincte et louable,
Foudroyant l'ennemi par ton aide et support. »

A différentes pages du registre ont été consignés divers faits intéressant la Confrérie ou la paroisse; ainsi on voit qu'en 1634, « le cloistre de la Charité fut construit tout « neuf et establi dans l'église ».

En 1650 : « le cemitière d'alentour la chapelle Saint-« Clerc a été béni par le curé de Sainte-Catherine ». La Charité y avait fait planter une croix.

En 1651, une bannière de Saint-Léonard, peinte par Devillers, de Pont-l'Évêque, « a esté estrenée à la procession « de la mission faite par les pères Jésuites le jour Saint-« Jean ». Elle avait coûté 90 livres, qui furent payées moitié par le Trésor de la paroisse et moitié par la Charité.

En 1669, construction de la clôture de la chapelle de la Vierge par les trésoriers et de la chapelle Saint-Barthélemy par les frères de Charité.

Le registre de la Charité de Saint-Léonard est conservé dans les archives de la fabrique de cette paroisse.

Confrérie de la Charité de Sainte-Catherine.

I

Les statuts de la Confrérie de Charité établie en l'église de Sainte-Catherine sont contenus dans un cahier de quatorze feuilles de parchemin formant un petit registrè relié en carton.

Ils se composent d'une approbation donnée par Mgr Léonor de Matignon, évêque de Lisieux, le 17 juin 1660; le texte est en latin. Les statuts proprement dits sont rédigés en français et insérés au milieu de l'ensemble de l'approbation.

Sur la première page du manuscrit se trouvent les noms des échevin, prévôt et frères servants de cette même année 1660, lors de la réorganisation de la Confrérie, laquelle avait été fondée, comme nous l'avons dit, en 1478 et paraît, d'après le registre dont nous parlerons plus loin, avoir existé régulièrement depuis l'année 1604.

Comme ces statuts sont les seuls que nous possédions des quatre Confréries de Charité de Honfleur, nous en donnerons les principales dispositions, dont le caractère révèle bien l'ancienneté; nous laisserons de côté les réglementations relatives aux cérémonies religieuses, messes, services funèbres, dont le détail serait trop long.

Le manuscrit commence ainsi :

« Ensuivent les statuts et ordonnances de la Charité et Confrarie fondée en l'église de Sainte-Catherine de Honnefleur, en l'hôneur et révérence de Dieu, notre sauveur et rédempteur Jésus Christ, de la glorieuse vierge Marie, de monsieur St Estienne premier martir, patron d'icelle église, Ste Catherine vierge, de St Fabien et St Sébastien, St Crespin, St Crespinien et de St Fiacre.

« Et premièrement, il est ordonné que quiconque voudra estre receu en ladítte Charité jurera loiaument observer à son pouvoir sans enfraindre les constitutions et ordonnances d'icelle Charité.

« Et tant qu'il y aura douze personnes, il fera le traiziesme pour auguementer et maintenir icelle Charité à sa puissance et servira quand il en sera requis selon son estat et possibilité et si promettra obéir bien et deuement au prévost et eschevin en tout ce qui touchera le profict et hôneur d'icelle Charité.

« Et paiera chacune personne singulière, pour son entrée, la somme de quinze deniers tournois et, s'il demeure hors des deux paroisses de Honnefleur, il paiera à quatre termes de l'an, pour chacun terme, XIII deniers tournois; mais l'homme et la femme mariés et demeurants ensemble ne paieront, non plus qu'une personne singulière non mariée.

« Et est à sçavoir que les frères et sœurs qui, pour le temps à venir, se voudront rendre en ladite Charité, feront le serment devant le curé de ladite église, son vicaire ou clerc de ladite Charité.

« Item, nul ne sera receu en lad. Charité pourveu que l'on sache qu'il soit en sentence d'excommunication ou noté d'infamie et semblablement est à entendre des chapelains.

« Item, si ainsi estoit que aucune personne se vousist à franchir de paier les deniers de laditte Charité, il sera quitte à jamais par paiant la somme de trente sous tournois pour une fois paier seulement avec son entrée, pourveu toutefois qu'il demeure hors de la banlieue dudit Honnefleur, autrement non. Et de ce, aura lettre de quittance s'il luy plaist.

« Item, pour servir en icelle Charité, la gouverner et maintenir, seront un prévost, un eschevin et douze serviteurs avec un clerc; lequel eschevin sera esleu le jour de l'invention de Saint Estienne, qui est le troisiesme jour d'aoust, par lesdits prevost, eschevin et frères servants pour servir l'an advenir. L'office duquel clerc sera d'écrire les receptes et mises et autres choses qui luy seront ordonnées par lesdits prévost et eschevin touchant le faict d'icelle Charité.

« Item, il y aura un crieur pour crier les patrenostres la veille des festes des fondations pour les âmes des trespassez, mesme aussi quand il y aura quelqu'un décédé.

« Et seront tenus lesdits prévost, eschevin et frères servants aler au second son de vespres en l'hostel de l'échevin nouvellement esleu, pour y prendre une verge de fleurs et accompagner ledit eschevin avec les chapelains et crieur jusques à ladite église Sainte Catherine.

« Item, le jour de la feste de St Estienne, se dira la messe de la Charité dudit jour à diacre et sous-diacre. Les prévost, eschevin et frères servants iront en procession à Saint Estienne, dans la ville, le plus devotement qu'ils pourront et, eux retournés de ladite procession, sera commencée la messe de ladite Charité. Et ainsy semblablement se fera la procession le jour Saint Estienne, le lendemain de Noël.

« Item, lesdits eschevin, prévost et frères servants auront chacun un chaperon de livrée de trois ans en trois ans qu'ils feront faire à leurs propres cousts et despens, excepté le clerc et le crieur qui les auront aux despens d'icelle Charité.

« Item, quand aucun frère ou sœur trépassé aura fait deuement son devoir en ladite Charité, on fera crier par les carrefours, les patrenostres, ainsi qu'il est accoustumé pour l'âme dudit frère ou sœur, pourveu que par aucun de ses amis le soit fait sçavoir au prévost, eschevin ou clerc d'icelle Charité et après ce, prévost, eschevin et frères en la compagnie des chapelains seront tenus porter en la maison du trépassé la croix, la banière et le drap des morts et porter le corps en l'église et l'inhumer..... et après le service et enterrement seront tenus lesdits prévost, eschevin et frères avec les chapelains et crieur, convoier et accompaigner les amis du trépassé jusques à son hostel, pourveu qu'il soit de la ville ou fauxbours..... et si sera omosné pour l'âme de chacun frère ou sœur trépassé pour douze deniers de pain.

« Item, si aucun desdits frères ou sœurs tombaient en maladie, par quoy ils ne pussent leur pain gaigner, ni aller à l'église, lesdits eschevin, prévost et frères servants seront tenus les visiter ou faire visiter une fois la semaine et faire dire devant eux épistre et évangile, pourveu qu'ils en soient advertis par ses amis, et leur aider des biens de ladite Charité à la discrétion desdits prévost, eschevin et frères, si requis en sont par eux ou par leurs amis.

« Et si aucun desdits frères ou sœurs venaient en nécessité par feu ou prison, il leur sera donné des biens de ladite Charité, par l'ordonnance des dessusdits, pour leur sustentation chacune semaine, si ledit frère ou sœur le requiert ou veut prendre.

« Item, si aucun frère ou sœur avait dévotion d'aller en pèlerinage outre-mer, à Rome ou à Saint Jacques en Galice, il aura une messe basse et sera convoié des prévost, eschevin et frères avec les chapelains de la Charité et sera portée la croix et la banière jusques au lieu accoustumé, sur peine de l'amende, pourveu que ledit pèlerin ou pèlerine le facent sçavoir auxdits frères ou au clerc trois jours avant son partement.

« Item, si aucun homme de guerre de ladite Charité estoit hors au mandement du Roy ou à son service et il y trépassoit, son service luy sera faict comme sy le corps estoit présent, pourveu que ses amis le facent sçavoir.

« Item, si aucun maistre de navire ou marinier, frère de ladite Charité, estoit hors en aucun voyage par la mer, en guerre, pèlerinage ou marchandise et là il trespassoit, son service lui sera faict pareillement, comme si le corps estoit présent, pourveu que ses amis le facent sçavoir.

« Item, s'il y a aucun descord entre aucuns desdits frères, lesdits prévost et eschevin les feront venir devant eux et après les avoir informés du cas, ils les apointeront s'ils peuvent. Et si l'un d'eux est rigoureux et ne veuille tenir l'apointement, il sera mis en amende de demie livre de cire au profit de ladite Charité et ses blasmes remontrez à justice.

« Item, les statuts et ordonnances qui estoient en la Confrairie de Saint Crespin sur les maîtres qui estoient denommez, seront tenus en la forme et manière qu'ils estoient en devant de la fondation de cette présente Charité. »

II

Le registre de la Charité de l'église de Sainte-Catherine forme un gros volume in-folio en parchemin, dont la reliure est moderne.

Au premier feuillet, se trouve un inventaire des titres des rentes perpétuelles qui étaient dues à l'Association et de quelques objets du culte lui appartenant, tels que la croix d'argent doré, l'encensoir d'argent, un calice et une patène.

Sur les pages suivantes, se trouvent les noms, inscrits

chaque année, des échevins, prévôts et frères servants, à partir de l'année 1604; mais il ne s'y rencontre pas la liste générale de tous ceux qui faisaient partie de la Confrérie. Chacune des listes occupe une page, au bas de laquelle est porté souvent le compte d'administration rendu par l'échevin et approuvé par les frères. Ces listes se continuent sans interruption d'année en année jusqu'en 1789, reprennent en 1803, pour finir en 1886; depuis l'année 1848, la Confrérie ne paraît plus avoir été composée que de six frères.

Il est à remarquer que le relieur, qui avait eu déjà le grand tort de rogner le format du volume, a, de plus, dans son travail, interverti l'ordre de plusieurs cahiers : ainsi, les années 1652 à 1675 suivent l'année 1622, ceux de 1638 à 1651 viennent ensuite, puis les années 1624 à 1637. L'ordre régulier recommence en 1676.

Ce manuscrit contient, comme les registres de Saint-Léonard et de Notre-Dame, quelques dessins et peintures, mais aucune composition ne mérite d'arrêter l'attention, sauf le dessin qui se rapporte à l'année 1652 et qui représente saint Jacques en pèlerin.

Parmi les noms qui figurent dans les listes des frères, nous noterons seulement :

1608. Me Olivier de Valsemé, tabellion royal, dont le fils Guillaume épousa Marie Fontaine, qui était la sœur de Madeleine Fontaine, femme de François Doublet.

1613. Isaac Rancey, charpentier de navire, demeurant sur le quai des passagers, appelé quelquefois de son nom, quai Rancé.

1622. François Doublet.

1640. Me François Berthelot, chirurgien, frère du V. P. Denis de la Nativité.

1649. Me Jean-Baptiste Auber, procureur en l'Amirauté.

1653. Thomas Cousin, greffier en la vicomté d'Auge.

1667. Me Louis Doublet, chirurgien, frère du capitaine Jean Doublet.

1669. Me Nicolas Le Court, tabellion.

1670. Me Durand Barbel, drapier, capitaine quartenier de la ville.

1670. Me Jacques Bougourd, chirurgien.

1674. Me Nicolas Lion, conseiller de la ville.

1686. Jacques Sanson, capitaine de navire.

1693. Jean Mottart.

1713. Pierre Pellecat.

1746. François Ledieu.

1772. Julien Chemin.

Confrérie du Saint-Sacrement à Sainte-Catherine.

Au mois de juin de l'année 1644, le père Jean Eudes, prêtre de l'Oratoire, fondateur et premier supérieur général des prêtres de la Congrégation de Jésus et Marie, établis à Caen et appelés plus tard les Eudistes, prêchait une mission en l'église de Sainte-Catherine. Touchés par la parole de cet éloquent orateur, plusieurs bourgeois, encouragés d'autre part dans leur pieux dessein par Me Hélie Lemonnier, maître ès arts, curé de la paroisse, résolurent de fonder en cette église de Sainte-Catherine une archiconfrérie en l'honneur du Saint-Sacrement, « pour participer aux grâces, « pardons et indulgences octroyées par nos Saints Pères « les Papes à l'archiconfrérie du Très Saint-Sacrement, « érigée en l'église Sainte-Marie-sur-Minerve, à Rome ».

L'acte de fondation et le registre de la Confrérie nous font connaître les noms de ces bourgeois, qui étaient :

Me Laurens Ameline, sieur de Saint-Laurens, conseiller du Roi et lieutenant civil en l'Amirauté, pour les sièges de Honfleur et Quillebeuf.

Me Jacques Patin, lieutenant en la vicomté de Roncheville.

Me Constant Patin, sieur des Préaux, procureur fiscal en la même vicomté.

Me Jean Morin, apothicaire, sieur du Parc et de la seigneurie de Bailleul (à Ableville, aujourd'hui Ablon).

Pierre Goubard.

Jacques Anquetil, dit le brun.

Charles Jean, sieur du Perron.

Jean Giffard.

Hélie Lechevallier, capitaine de navire (qui fut le premier recteur).

Me Guillaume de Valsemé, tabellion royal.

Me Guillaume Robillard, chirurgien.

Me François Doublet, apothicaire.

Par contrat passé devant David Hatten, tabellion royal à Honfleur, le 2 juillet 1644, ils s'engagèrent à organiser leur association, et Guillaume Lemercier, capitaine de navire, pour assurer cette fondation, fit don à la nouvelle Confrérie d'un rente perpétuelle de 85 livres par an (laquelle représenterait de nos jours un revenu d'au moins 250 francs).

Le lendemain dimanche, 3 juillet, à l'issue de la grand'-messe, Pierre Sanson, sieur de la Fosse, Me Morin, sieur du Parc, et Guillaume Fourrey, avocat, trésorier de Sainte-Catherine, se réunirent au banc du Trésor de la fabrique et, avec l'assistance des principaux paroissiens « assemblés pour délibérer des affaires de la communauté », déclarèrent approuver l'établissement de la Confrérie dans l'église de Sainte-Catherine et consentirent que le recteur et trois frères servants eussent séance dans le chœur, des deux côtés proche le grand autel ; que la messe de la Confrérie eût lieu tous les dimanches à huit heures ; enfin que les confrères pussent « faire cœuillir par un d'eux, en un plat », les aumônes des paroissiens.

Ces conventions furent aussi constatées par le tabellion royal et signées par les assistants.

Des statuts ayant été rédigés furent approuvés par Mgr Philippe Cospean, évêque et comte de Lisieux, dont la signature autographe figure à la onzième page du registre de l'Association.

Ce registre, composé de quarante-neuf feuillets de grand parchemin, relié en cuir noir, renferme des instructions très détaillées sur les offices, les cérémonies et les pratiques de dévotion de la Confrérie.

Nous en donnerons seulement les principales dispositions :

Nul ne pouvait faire partie de la Confrérie s'il n'était de bonnes renommée et probité ;

Les confrères sont exhortés à ne fréquenter ni les brelans, ni les tavernes, et à ne point mener une vie scandaleuse. Il leur est interdit de faire aucuns festins ni collations, conformément aux prescriptions du Concile provincial de Normandie.

Les frères servants, au nombre de douze, devaient porter sur l'épaule un chaperon de damas bleu, avec la figure du Saint-Sacrement en broderie, et avoir en la main chacun un cierge ou flambeau de cire blanche, du poids de cinq quarterons.

L'Association était administrée par un recteur, élu chaque année en une assemblée tenue la veille de la fête du Saint-Sacrement. L'admission des nouveaux adhérents était prononcée, comme aussi les exclusions le cas échéant, dans des réunions qui avaient lieu chaque mois.

Les confrères devaient assister aux messes ordinaires de l'Association, aux processions et à différents offices, notamment aux inhumations des frères, en portant eux-mêmes le drap ; accompagner le Saint-Sacrement quand il était porté aux malades. Il leur est recommandé, dans ce dernier cas, de donner quelque chose aux malades, si ceux-ci en ont besoin, et à cet effet de recueillir les aumônes de ceux qui accompagneront le Saint-Sacrement.

Par une autorisation spéciale, signée par lui sur le registre, le 6 octobre 1677, Mgr Léonor de Matignon, évêque de Lisieux, permit à la Confrérie d'instituer une Association pour l'adoration perpétuelle du Saint-Sacrement en l'église de Sainte-Catherine.

Comme pour les autres Confréries dont nous avons eu à nous occuper, nous ferons connaître seulement les plus notables des personnes qui firent, pendant les premières années, partie de la Confrérie du Saint-Sacrement de Sainte-Catherine et dont les noms sont inscrits dans notre registre :

1645. André Barbel, sieur des Fieffes ;
— Me André Villon, avocat fiscal.

1649. Me Charles Barbel, sieur des Mesieres, avocat ;
— Me Guillaume Le Cordier, avocat ;
— Me Jean Fossar, docteur en médecine.

1653. Durand Barbel, sieur des Galleville, marchand ;
— Charles Thierry, marchand.

1657. Me Louis Doublet, chirurgien (frère du capitaine Jean Doublet) ;
— Me Jean Lefebvre, capitaine de navire.

1658. Me François Berthelot, chirurgien, frère du V. P. Denis de la Nativité (Pierre Berthelot).

1659. Me Jacques Auber, receveur des deniers d'octroy de la ville.

1661. Me Hugues Morin, apothicaire ;
— Me Antoine Renout, président au grenier à sel ;
— Me Jacques Droulin, avocat.

1665. Me Jean-Baptiste Auber, procureur du Roi en l'Amirauté ;
— Me Nicolas Le Court, tabellion.

1667. Nicolas Lion, marchand, échevin au gouvernement de la ville ;

1667. Me Jacques Jouen, docteur en médecine.

1666. Me François Liétout, échevin;
— Me David Hatten, greffier en l'Amirauté.

1672. Grégoire Pellecat, marchand cordier.

1677. Guillaume Lecerf, échevin;
— Jean Sanson, capitaine d'une frégate pour Sa Majesté;
— Pierre Premord, marchand.

1683. Me Pierre Lion, procureur du Roi en l'Amirauté;
— Charles Lion, marchand;
— Me Pierre Brière, docteur en médecine.

1695. Me Jean-Henri Vacquet, avocat;
— Me Guillaume Jean, sieur du Perron, avocat.

1720. Me Michel Guillebert, avocat.

1725. Me Joseph Leblanc, chirurgien juré royal.

1724. Me François Leclerc, conseiller du Roi, garde des archives de l'Hôtel de Ville de Honfleur.

Confrérie du Saint-Sacrement dans l'église Saint-Étienne.

Cette Association, toute de piété et de dévotion, fut fondée en l'église de Saint-Étienne par plusieurs notables habitants de cette paroisse, parmi lesquels figurent :

Claude de Godet, escuier, sieur des Marests, gendre du célèbre Gravé, sieur du Pont, l'un des colonisateurs du Canada.

Me Nicolas Druel, procureur de Me Pierre Habert, abbé de Grestain, et receveur des revenus de cette abbaye.

Me Jehan du Gallé, tabellion à Honfleur pour la vicomté de Roncheville.

Guillaume du Gallé, son frère.

Louis Bodet, personnage sur lequel nous donnerons plus loin quelques indications.

André Fourrey.

Le 1er juin 1624, on rédigea les statuts et ordonnances de la Confrérie, en présence de Me Jean Le Monnier, bachelier en théologie, notaire apostolique, chapelain du Roi, curé recteur de la paroisse de Saint-Étienne et Sainte-Catherine, et ils furent approuvés par Me Guillaume Le Rebours, vicaire général de Mgr Guillaume Alleaume, évêque et comte de Lisieux.

L'original des statuts, signé par les membres fondateurs, était écrit sur quatre feuilles doubles de parchemin formant un cahier dont nous ne possédons que trois feuillets.

Sur le premier, se trouvent l'approbation épiscopale en latin et le préambule des statuts en français. Il manque le deuxième feuillet, qui devait contenir l'indication du but de l'Association, les conditions d'admission, le nombre de frères servants, qui paraît être de douze laïques. Sur les troisième et quatrième feuillets sont rapportées diverses dispositions concernant les fonctions du maître de la Confrérie (dont le premier, nommé pour quatre ans, fut Jehan du Gallé), les offices et cérémonies religieuses, telles qu'une grand'messe le troisième dimanche de chaque mois, avec une bénédiction solennelle du Saint-Sacrement et une procession dans laquelle le maître et les frères devaient marcher « deux à deux, teste nude, portants leurs chaperons « sur l'épaule gauche et à la main dextre chacun un cierge « ardant de cire blanche en forme de flambeau ».

Les confrères devaient personnellement prendre part aux offices et processions de la fête et octave du Saint-Sacrement et porter le grand poêle ou dais de l'église Saint-Étienne ; ils devaient aussi accompagner le prêtre qui portait le Saint-Sacrement aux malades et assister avec leurs chaperons et cierges aux inhumations des membres de la Confrérie.

On faisait une cœulte ou quête dont le produit, avec celui des amendes, était destiné à payer les dépenses du culte, à aumôner aux pauvres de la paroisse, après la messe pour les défunts, célébrée le vendredi du Saint-Sacrement, treize pains du poids de huit onces pièce et le surplus à la décoration de l'église.

Enfin, il est stipulé que si quelqu'un des frères demeure malade et n'a moyen de vivre et subvenir à ses nécessités, l'Association devra donner de ses deniers, pour chacune semaine, ce qui sera jugé convenable audit frère pendant sa nécessité.

Louis Bodet, sieur de Heurtebise, l'un des fondateurs de la Confrérie, avait été nommé, le 2 février 1614, par Mgr de Montmorency, vice-amiral de France, à l'office de vendeur de poisson frais et salé en la ville de Honfleur; il exerça cette fonction jusqu'en 1640. Il avait épousé Renée Lebigre et leur contrat de mariage avait été passé au tabellionage royal d'Auge, à Honfleur, le 13 mai 1615.

Leur fils Louis Bodet, baptisé en l'église Saint-Étienne, le 7 novembre 1616, avait eu pour parrain Louis de Petitgast, sieur de la Guérinière, lieutenant au gouvernement de la ville, et pour marraine dame Cristine Martin, femme du capitaine Dupont-Gravé.

Une inscription, qui existe encore, gravée sur une pierre encastrée dans la muraille, du côté nord de l'église Saint-Étienne, rappelle une fondation faite par Louis Bodet et sa femme, suivant acte du même tabellionage d'Auge, sous la date du 23 avril 1634. Cette inscription est ainsi conçue :

Cy devant gisent Louis Bodet, s[r]
de Heurtebize, natif de Champigny
sur Vende, païs de Touraine et frontière
du Poictou, depuis 45 ans demeura-

nt en ce lieu, et Marie Lebigre, sa fem-
me, native de la paroisse de Saint-Pierre
du Chastel; — lesquels ont fondé en ce-
ste église un obit dont seront dictes,
le jour des Rameaux, après vespres,
les vigiles à neuf leçons avec le libe-
ra, de profundis et oraison accoutumé;
le lendemain, une haulte messe de requ-
iem avec la sequence dies iræ, dies illa,
et à la fin d'icelle le libera comme de-
vant; de plus, ils ont fondé aussi la feste
de tous les saints, après vesprez un
libera comme dessus; — le tout annuellement
sur la tombe desdits fondateurs avec
droit de banc et de terrage; — il vous pl-
aira prier Dieu pour eux. Faict le 2 juin
1646.
Oultre ce que dessus, ledit s^r^ Heurtebize, fondateur,
a augmenté la fondation de 12 messes annuelles,
à célébrer les premiers mercredis de chaque mois
à commencer le premier mercredi d'après son
décest, suivant le contrat de fondation faict le
19e iour d'octobre 1650, et à la fin de chaque messe
sera dict le libera sur la tombe dudict
fondateur. Priez Dieu pour lui, lequel dé-
céda le 21e iour de septembre
1651 et sa femme le 14
mai 1650.

Le contrat de la première fondation existe aux minutes du tabellionage d'Auge, à la date du 23 avril 1634: il est signé par Louis Bodet, par les trésoriers et les notables paroissiens de Saint-Étienne.

Confrérie de Saint-Michel.

On constate, d'après un acte dressé par les tabellions de Honfleur vers l'année 1450, qu'au commencement du XVe siècle et sur la fin du siècle précédent, une Confrérie de Saint-Michel avait été formée par les paroissiens de Notre-Dame : on peut présumer qu'elle réunissait les pèlerins qui avaient accompli le voyage du Mont-Saint-Michel.

Le document qui nous est parvenu (dans la couverture d'un livre) fournit l'indication suivante :

Jehan Corbeille, de la paroisse de Saint-Estienne de Honfleur, a fait don à la Confrérie de Monseigneur Saint-Michel, en l'église de Notre-Dame de Honfleur, de 2 sols 6 deniers tournois de rente, « pour estre accueilly aux bienfais d'icelle confrarie ». La rente était assise sur une propriété située à Honfleur, bornée par le chemin de la Bucaille et le « Chemin du Roy ».

L'acte de donation est daté du jour de la fête Saint-Michel, 29 septembre 1411.

Nous n'avons point d'autre renseignement sur cette ancienne Association.

Au milieu du XVIIe siècle, nous en retrouvons une autre portant le même nom, mais qui ne paraît pas avoir constitué une Confrérie proprement dite, avec statuts et règlements, comme celles de la Charité ou du Saint-Sacrement. Elle consista en une simple fondation d'offices, messe et salut, en l'église de Sainte-Catherine, la veille et le jour de la fête de l'Apparition de saint Michel, 16 octobre de chaque année.

Cette fondation eut lieu moyennant la somme de 200 livres tournois, versée aux mains du trésorier de la fabrique de Sainte-Catherine, qui fut chargée de la réaliser annuellement. En conséquence, la fabrique avait à payer :

Au sieur curé, vingt-deux sols ;
A chacun des chapelains, onze sols ;
Au prêtre qui aura célébré la messe, douze sols ;
Aux diacre et sous-diacre, chacun trois sols ;
Au thuriféraire, huit sols ;
Aux acolytes, six sols chacun ;
Au sacristain, dix sols ;
A l'organiste, quinze sols ;
Aux sonneurs, vingt sols ;
Et au bedeau, cinq sols.

L'acte de fondation fut passé le 20 octobre 1664 devant David Hatten, tabellion royal en la vicomté d'Auge pour le siège de Honfleur, entre Charles Otton, sieur des Perreaux, trésorier-comptable de la fabrique de Sainte-Catherine, et les personnes dont les noms suivent, savoir :

Guillaume Renout, bachelier en théologie, curé-recteur des paroisses de Saint-Étienne et Sainte-Catherine ;

Constantin Daufresne, curé de la paroisse d'Équemauville ;

François Henry, vicaire de Sainte-Catherine ;

Huit autres chapelains et prêtres habitués en la même paroisse et en celle de Saint-Léonard ;

Adrien Hesbert, Olivier Miard, Jean Pellecat et vingt-trois autres bourgeois de la ville de Honfleur.

Confrérie de Sainte-Cécile.

La paroisse de Sainte-Catherine de Honfleur possédait, au milieu du XVIIe siècle, deux confréries, celle de la Charité et celle du Saint-Sacrement ; elle devait bientôt en voir naître une troisième. En effet, au commencement de l'année 1663, les curés de Sainte-Catherine et de Saint-Léonard, avec plusieurs prêtres de la ville et curés des paroisses voisines, présentèrent à Mgr Léonor de Matignon, évêque de

Lisieux, une requête dans laquelle ils exposèrent que de temps immémorial on célébrait solennellement, en l'église Sainte-Catherine, la fête de la bienheureuse vierge et martyre sainte Cécile, en l'honneur de laquelle plusieurs prêtres et laïques musiciens avaient établi entre eux une sorte de Confrérie, mais que cette Association n'ayant pas de règlements approuvés, il convenait d'établir des statuts en forme, auxquels l'évêque était prié de donner son approbation.

Cette requête était signée de :

Me Jean Bicherel, curé de Sainte-Catherine.

Me Guillaume Lemonnier, curé de Saint-Léonard.

Me Jean Benoist, curé de Vasouy et doyen rural de Honfleur.

Me Jean Heudebert, curé de Gonneville.

Me Constantin Daufresne, curé d'Équemauville.

Me Jacques Dauge, curé de Barneville.

Me Olivier Isabel, curé de Pennedepie.

Plus vingt-sept prêtres habitués ès églises de Saint-Léonard, Sainte-Catherine, Notre-Dame et Saint-Étienne.

Messire Anthoine de Villeneuve, chevalier, marquis de Monts, gouverneur pour le Roy des ville et château de Honnefleur et du Pont-l'Évesque et Pays d'Auge.

Me Anthoine Regnoult, président au grenier à sel.

Me Jean-Baptiste Auber, procureur du Roy en l'Amirauté.

Me Jean Aonfrey, avocat.

Me Jean Patin, avocat.

Me Jacques Droulin, avocat.

Me Pierre Brierre, apothicaire.

Me Nicolas de Léans, organiste.

Daniel Goubard, sieur de Genneville.

Messire François de Brèvedent, escuier, seigneur de Saint-Nicol.

Me Thomas Le Chevallier.

Me Guillaume Le Chevallier.

Me Jacques Auber, le jeune.

Les statuts et règlements de la Confrérie furent établis, le 23 juin 1663, sous vingt-et-un articles, dont le premier est ainsi conçu :

« Seront reçus en ladite Confrérie, les prêtres de la ville « de Honfleur et paroisses circonvoisines autant qu'il s'en « présentera et les laïques au nombre de douze, sans qu'on « puisse augmenter. »

Les membres de l'Association s'obligeaient à assister à des messes et offices religieux.

Les réunions avaient lieu le 4 novembre, pour les élections et délibérations.

Les confrères étaient tenus d'assister aussi aux enterrements et services funèbres des membres défunts.

Ils devaient, en cas de maladie, subvenir des biens communs, sinon de leurs biens propres, aux besoins des associés.

Ces statuts furent approuvés par l'évêque de Lisieux le même jour.

L'approbation, écrite en latin, permet de constater ce fait curieux et qui se représente dans plusieurs documents ecclésiastiques de cette époque, notamment dans l'approbation de la Confrérie de la Charité de Sainte-Catherine, c'est que la ville de Honfleur y est appelée *Juliobona*. On y trouve en effet ces expressions :

« ex parte rectorum parrochialium ecclesiarum Juliobonensium » ;

« in ecclesia Juliobonensi Sanctæ Catharinæ » ;

« pro regis civitatis Juliobonensis ».

Or, on sait que *Juliobona* est le nom ancien de la ville de Lillebonne, et si cette expression a été appliquée à Honfleur, qui n'a rien de commun avec la vieille cité romaine, située sur l'autre rive de la Seine, à plus de six lieues en amont, il n'est pas impossible d'en retrouver l'origine. L'identité de la Lillebonne moderne avec la cité de *Juliobona* n'a pas jadis été admise par tous. Certains savants du

XVIIe siècle ont cherché *Juliobona* à Dieppe, d'autres ont indiqué Honfleur. Des géographes avaient élevé les mêmes doutes : ainsi André Thevet, dans sa *Cosmographie universelle,* parue en 1575, a écrit que la ville de Honfleur a été fondée par Jules César et qu'elle a porté le nom de *Juliobona.* Les erreurs historiques demeurent longtemps dans la circulation, avant de disparaître définitivement. Ainsi, à la fin du XVIIIe siècle, l'Université de Caen faisait encore usage du mot *Juliobona* pour désigner Honfleur.

Le registre de la Confrérie de Sainte-Cécile, en parchemin, relié en cuir et doré sur tranche, renferme en outre la copie d'une autorisation de Mgr de Condorcet, évêque de Lisieux, au curé de Sainte-Catherine, de célébrer plusieurs fêtes, notamment celle de saint Charles Borromée.

Il contient encore un acte d'association de plusieurs prêtres, s'obligeant à faire célébrer trois messes pour le repos de l'âme de chaque confrère décédé (29 octobre 1763).

Enfin, on trouve dans ce registre une liste de trente-sept prêtres, parmi lesquels nous relevons les noms de ceux qui émigrèrent lors de la Révolution et qui sont indiqués comme étant morts à l'étranger :

Robert Dubosq, à Farnham (Angleterre), en 1803 ;
Michel-François Gaillard, à Farnham, 1798 ;
Augustin Lefebvre, à Farnham, 1794 ;
Adrien Letellier, à Winchester, 1795 ;
François-Jacques Advisse, à Farnham, 1795 ;
Guillaume-Constant-Thomas Quillet, à Dusseldorf, 1798 ;
Louis-François Vatel, en Pologne.

Confrérie de Charité de Saint-Étienne.

L'église de Saint-Étienne, située comme Notre-Dame dans l'enclos de la ville, possédait, ainsi que les autres paroisses, sa Confrérie de Charité.

L'existence de cette Association, dont nous n'avons pas

les statuts, est constatée par un petit registre de forme longue, recouvert en parchemin et formé d'une trentaine de feuillets de simple papier. Ce manuscrit porte le titre suivant :

« Papier de la Charité de Saint-Estienne de Honfleur, « dont est eschevin Paul Resplendy, bourgeois dudit Hon-« fleur, année 1707. »

Sur la première page sont inscrits les noms des échevin, prévôt et douze frères servants pour l'année commençant le 19 juin 1707.

On trouve ensuite l'énumération de cinq petites rentes appartenant à la Confrérie.

Le même registre nous donne sur les autres feuillets la liste des personnes qui faisaient alors ou avaient fait partie de l'Association. Des chiffres portés en regard de plusieurs noms paraissent indiquer le nombre d'années dont les confrères étaient en retard pour le paiement de leurs cotisations, nombre qui est souvent de dix, quinze et vingt ans. Les autres noms sont suivis des lettres : aff., qui signifient « affranchis », c'est-à-dire ayant acquitté définitivement leurs redevances.

La liste est divisée en quatre catégories.

D'abord, les prêtres, au nombre de 21, parmi lesquels :

Me Antoine Morin.
Me Chrestien Boudin.
Me Guillaume Pépin.
Me Michel Hubert.
Me Pierre Maupoinct.
Me Charles Letoré.
Tous curés de Honfleur ou des paroisses voisines.

Viennent ensuite les nobles, savoir :

Alexandre Varin, sieur du Rouffey.
Charles de Giverville, seigneur de Vasouy.

Étienne de Vaux.
Henri de Saint-Pierre.
Henri de Naguet.

Puis vingt personnages, qualifiés maîtres, tels que :

Charles Lechevalier, bailly.
Guillaume Villey, avocat.
Guillaume Legrand, chirurgien.
Hugues Morin, apothicaire.
Jean-Henri Vaquet, chirurgien.
Julien Renout, greffier.
Michel Bigot, vicomte de Roncheville.
Pierre Lion, avocat du Roy.

Nous trouvons maintenant 418 bourgeois, parmi lesquels on remarque plusieurs marins et capitaines de navires, tels que : André et Anthoine Morin, François Berthelot, Guillaume Bougourd, Jacques Bellenger, Jean Taillefer, Jean Doublet.

Les listes se terminent par les noms de 242 veuves et 54 filles faisant partie de la Confrérie.

Sur les derniers feuillets du registre, on avait porté le compte des recettes et des dépenses de l'Association pour l'année 1708; mais ce registre ne paraît pas avoir été continué.

Il a été offert par Mme Gentil à la Société du Vieux-Honfleur et il a été déposé dans ses archives.

Confrérie de Sainte-Anne ou de la Sainte-Famille.

Sans que l'on connaisse exactement son origine, la Confrérie de Sainte-Anne ou de la Sainte-Famille existait en l'église de Sainte-Catherine au milieu du XVIIe siècle. C'était une simple association de piété et de prières, dont les membres, qui furent surtout des femmes, prenaient l'engagement de faire célébrer une messe pour le repos de l'âme de chacun des frères et sœurs décédés et d'assister chaque année à divers offices religieux.

Les statuts primitifs ayant été perdus, Me Guillaume Pépin, curé de Saint-Étienne et Sainte-Catherine, recteur de la Confrérie, en fit rédiger de nouveaux, « sur la con- « noissance de ce que les anciens frères ont toujours pra- « ticqué », avec le concours de Me Charles Lion, procureur du Roi et trésorier de la paroisse.

Le règlement fut consigné sur un livre qui nous est parvenu et se trouve actuellement conservé au presbytère de Sainte-Catherine. C'est un fort registre en papier, recouvert de cuir brun, de 0m 37 de hauteur sur 0m 24 de largeur, renfermant environ 150 feuillets.

Ce livre contient d'abord les statuts de la Confrérie restaurée, puis la copie de la bulle du pape Innocent XI, du 11 avril 1684, accordant à l'Association pieuse plusieurs indulgences, ensuite l'analyse de divers contrats de fondation de messes, spécialement de celle du jour Sainte-Anne, passé devant les tabellions de Honfleur le 4 mai 1676.

Nous y trouvons également diverses listes des frères et sœurs, des comptes de recettes et dépenses rendus par les recteurs, jusqu'au 16 août 1793, l'indication de diverses cérémonies religieuses autorisées par Mgr de Brancas, évêque de Lisieux, en 1759, et par Mgr de Condorcet en 1767.

Le 5 mai 1800, plusieurs membres de l'Association, qui paraît s'être perpétuée pendant la Révolution, adressèrent une pétition « au citoyen Bisson, évêque du Calvados », qui donnait alors la confirmation à l'église Sainte-Catherine, pour obtenir le rétablissement régulier de la Confrérie, et ce prélat écrivit de sa main sur le registre l'autorisation, qu'il data du 15 floréal an VIII.

Pareille permission fut depuis accordée par Mgr Brault, le 29 novembre 1810, et M. l'abbé Allais, curé de la paroisse, établit un *nouveau règlement*, le 12 juillet 1811. L'Association s'est continuée jusqu'à nos jours.

CONCLUSION

En parcourant les longues listes des membres de nos confréries, contenues dans les divers documents que nous venons d'analyser, on a pu constater combien nos pères étaient empressés à se faire admettre dans ces associations, dont ils savaient apprécier les avantages moraux et matériels. Les prescriptions nombreuses et détaillées de leurs statuts montrent aussi comme ils aimaient à en porter publiquement les insignes et à en accomplir les cérémonies extérieures. Souvent ils en perpétuaient le souvenir dans les vitraux de leurs églises, où l'on retrouve avec intérêt la représentation de leurs costumes. On sait, en outre, que chacune des corporations de métiers était placée sous le patronage d'un saint et que leurs ordonnances étaient toujours complétées par des règles purement religieuses. Nos ancêtres y étaient sans doute déterminés par leur foi et ils y cherchaient aussi l'occasion de mettre en pratique leurs sentiments de charité chrétienne et de solidarité sociale. Mais ne faut-il pas y voir également une tradition qui leur venait du moyen âge, de cette époque où les marchands, les artisans et ouvriers des divers corps de métiers avaient trouvé, en se réunissant et en se mettant sous la protection de l'Église, le moyen de former de puissantes associations, capables de protéger chacun de leurs membres et de résister ainsi à l'oppression des seigneurs féodaux? C'est sur elles que les bourgeois des villes s'étaient appuyés pour revendiquer et conquérir leurs franchises communales.

Les « gens du métier de la mer » ne s'étaient pas tenus en dehors de cette tradition. Il existait à Bordeaux, au milieu du XVe siècle, une Confrérie de Notre-Dame, composée presque exclusivement de marins, jouissant de droits étendus de pêche et autres sur les rives de la Gironde et dans laquelle paraissaient se recruter exclusivement les équipages des navires que le Roi entretenait dans ce port. Plus tard, on trouve dans la même ville, en 1619, les statuts de la Confrérie des Pilotes, établie en l'église de Saint-Pierre.

Les noms de quelques capitaines célèbres que nous avons pu reconnaître parmi les membres de notre Confrérie de Notre-Dame à Honfleur, dans la seconde moitié du XVe siècle, donnent à penser que leurs marins, à leur exemple, étaient enrôlés dans l'Association. Il est donc permis de croire qu'il devait exister une certaine analogie entre cette confrérie et celle de Bordeaux. Le roi Louis XI, qui avait accordé en 1469 divers avantages aux habitants de Quillebeuf, à la charge par eux de conduire ses navires montant et descendant la Seine entre Honfleur et Caudebec, dut favoriser aussi les marins de notre port, qu'il considérait comme l'un des premiers du pays de Normandie. Pour appuyer cette assertion, nous rappellerons qu'il y avait à Honfleur, au moyen âge, un magasin d'armements maritimes appelé la « Munition du Roi ». L'existence de ce dépôt d'approvisionnements pour la marine royale, au XIVe siècle, est prouvée par un compte du Clos des galées de Rouen, qui se rapporte aux années 1382-1384. Des documents cités par M. Jal en font mention de nouveau cent cinquante ans après, dans la première moitié du XVIe siècle.

Enfin, c'est dans ce port que s'organisa, en 1457, une partie de l'expédition navale, commandée par Louis de Brézé, qui s'empara de Sandwich, dans le comté de Kent, et revint à Honfleur avec un butin considérable.

Il est à noter que l'année de la fondation de la Confrérie de Charité de Notre-Dame est l'année même où eut lieu cette expédition.

La Société du Vieux-Honfleur ne pouvait laisser se perdre

de pareilles traditions, et c'est cette pensée qui nous a conduit à tirer de l'oubli les archives de nos anciennes confréries.

Caen. — Impr. H. Delesques, rue Demolombe, 34.

www.ingramcontent.com/pod-product-compliance
Lightning Source LLC
LaVergne TN
LVHW010030230826
846091LV00005B/1654

* 9 7 8 2 0 1 3 4 9 5 0 4 2 *